...in

...guages

...nouth Campus

Eberhard Stock

Deutsche Intonation

Centre for Modern
Languages
Plymouth Campus

L

LANGENSCHEIDT · VERLAG ENZYKLOPÄDIE
Leipzig · Berlin · München · Wien · Zürich · New York

Auflage:	4.	3.	2.	1.	Letzte Zahlen
Jahr:	1999	98	97	96	maßgeblich

© 1996 Langenscheidt · Verlag Enzyklopädie Berlin, München, Leipzig
Druck: Interdruck Leipzig GmbH
Printed in Germany
ISBN 3-324-00700-3

Inhaltsverzeichnis

Vorwort

Der Gegenstand dieses Buches ist die Intonation der deutschen Standardaussprache, genauer gesagt: die nördliche Variante dieser Intonation. Im süddeutschen Sprachbereich haben sich auf der Grundlage der oberdeutschen Mundarten intonatorische Besonderheiten herausgebildet, auf die jedoch nicht eingegangen wird.

Die Intonation ist ein Mittel des Sprechens. Nach der hier vertretenen Auffassung umfaßt sie diejenigen Kombinationen von Tonhöhen-, Lautheits- und Tempoveränderungen, die gesprochene Texte und Äußerungen als Ganzheiten kennzeichnen und ihnen durch Akzente und Pausen eine Struktur, eine „innere Gestalt" geben. In bestimmten Fällen trägt die Intonation auch dazu bei, die Satzart zu charakterisieren. Insbesondere aber hilft sie den Sprechenden, ihre Einstellungen zum Hörer und ihre Gefühle kundzugeben. Sie ist also sowohl Satzbildungsmittel als auch Ausdrucksmittel. Auf diese Doppelfunktion ist schon vor längerem hingewiesen worden. Innerhalb der Sprechwissenschaft hat die 1970 verstorbene Christina Zacharias speziell die Intonation des Fragesatzes unter kommunikativem Aspekt untersucht. Als Mitautorin des 1971 in erster Auflage erschienenen Buches „Deutsche Satzintonation" hat sie ihre Forschungsergebnisse didaktisch umgesetzt. Gleichzeitig ist sie überall engagiert dafür eingetreten, die allein auf die Satzart bezogene Betrachtung der Intonation zu überwinden. Dafür gebührt ihr Dank. Inzwischen liegen verschiedene wissenschaftliche Publikationen vor, in denen die Beschreibungsansätze von Christina Zacharias teils bestätigt, teils modifiziert werden. Auf diese Publikationen wird hier indirekt Bezug genommen. Für die Neufassung des Buches hatte jedoch eine andere Forschungsrichtung größeres Gewicht. In den letzten Jahrzehnten ist endlich auch die gesprochene Sprache, insbesondere das freie Sprechen im Gespräch untersucht worden. Es stellte sich heraus, daß die hierbei produzierten Texte und Äußerungen in mehreren Punkten von geschriebenen Texten abweichen. Die Intonation, die lange Zeit vorwiegend im Zusammenhang mit der sprecherischen Wiedergabe geschriebener Texte behandelt wurde, ist davon in zweierlei Hinsicht betroffen. Erstens wirkt sie auch außerhalb wohlgeformter Sätze; sie kennzeichnet beispielsweise Wiederholungen, Korrekturen und Interjektionen als Ganzheiten und erweist sich als Ausdruck der für das freie Sprechen charakteristischen Verzögerungen. Und zweitens wird sie im Gespräch benutzt, um den Sprecherwechsel zu steuern. Auf die Beschreibung dieser zusätzlichen Leistungen durfte hier nicht verzichtet werden.

Die „Deutsche Intonation" ist ein Lehr- und Übungsbuch, das für die Unterweisung von Muttersprachlern und gleichzeitig für den Unterricht Deutsch als Fremdsprache gedacht ist. Der Beschreibung der intonatorischen Formen und Leistungen folgen deshalb Übungen, die auch Aufgaben enthalten. Ein gesonderter Abschnitt am Schluß des Buches präsentiert die Lösungen zu diesen Aufgaben. Außerdem ist dem Buch eine Tonkassette beigefügt worden. Sie enthält Musterbeispiele sowie Texte und ermöglicht es, auch ohne Lehrer zu üben und interessenbezogen zu wiederholen.

Für den Umgang mit diesem Buch wünsche ich Ihnen Freude und Erfolg!

Der Verfasser

1 Schreiben und Sprechen — Gemeinsamkeiten und Unterschiede

„Die Sprache ist es, die jedem einzelnen das Bewußtsein seiner selbst bestätigt. Und sie ... leitet zu der Erfahrung: daß einer des anderen bedarf."

Albrecht Goes: Über das Gespräch

Mit diesen Worten sagt Goes nicht mehr und nicht weniger, als daß der Mensch nur in der Gemeinschaft mit anderen Menschen lebensfähig ist und daß dieses Zusammenleben durch die Sprache seine Einzigartigkeit erhält. Die Sprache ist, so drückt es Johann Gottfried Herder im 18. Jahrhundert aus, „die große Gesellerin der Menschen". Allein mit ihrer Hilfe können sich die Menschen untereinander über ihr Leben, ihre Arbeit, ihr Denken und ihr Fühlen austauschen. Nur wer ohne Einschränkung die Sprache gebrauchen kann, kann frei und ungehemmt mit anderen verkehren. Wer von Kind an taub und stumm ist, wer die Sprachfähigkeit durch Unfall oder Krankheit verliert, lebt in tiefer belastender Einsamkeit. Sein Menschsein ist beschädigt, denn seine Kontaktmöglichkeiten, sein Wirkungsbereich, seine Selbstverwirklichung und Entfaltung sind eingeschränkt. Ähnlich verhält es sich, wenn jemand in einem fremden Land lebt, die Landessprache nur ungenügend beherrscht und so nicht nur andere kaum versteht, sondern sich selbst auch nur schwer verständlich machen kann.

Bedeutung der Sprache

1.1. Der Text beim Schreiben und Sprechen

Menschen verständigen sich hauptsächlich dadurch miteinander, daß sie sich der geschriebenen und der gesprochenen Sprache bedienen. Sie können auf diese Weise gemeinsames Handeln vorbereiten, realisieren und auswerten. Sie schreiben Briefe, Mitteilungen, Aufsätze, verfassen Pläne, Denkschriften, Berichte und Beschreibungen. Ist der Ansprechpartner oder der Kreis der Anzusprechenden direkt oder telefonisch zu erreichen, führen sie ein Gespräch, melden sich zu Wort, halten eine Rede.

Es ist üblich, alles, was beim Schreiben erzeugt wird (z. B. Briefe, Aufsätze, Berichte, auch wortwörtlich ausgearbeitete Reden) als Text

Möglichkeiten der sprachlichen Verständigung

zu bezeichnen. Man spricht beispielsweise von Zeitungstexten, von Dramentexten, vom Text einer Vorlesung oder eines Diskussionsbeitrages. Aber auch Gesprochenes muß als Text verstanden werden. Rezitationen, Ansprachen, Dialoge oder Beratungen sind ursprünglich zwar vorübergehende und sich im Gedächtnis meist schnell verflüchtigende Ereignisse, sie können aber heute mit Hilfe der Tontechnik aufgenommen und so aufbewahrt werden. Folglich läßt sich beispielsweise ein Gespräch wie ein Zeitungsartikel behandeln: beides sind Erzeugnisse der sprachlichen Tätigkeit, die als Texte untersucht werden können. Da aber zwischen den Erzeugnissen des Schreibens und denen des Sprechens beträchtliche Unterschiede bestehen, ist es nicht einfach zu bestimmen, was ein Text ist. Hier soll folgendes gelten:

Text

Texte sind Ausdruck menschlichen Handelns. Sie entspringen einer bestimmten Handlungs- und Aussageabsicht und gelten einem bestimmten Thema. Jeder Text umfaßt eine begrenzte Zahl von Sätzen oder Äußerungen. Sätze bzw. Äußerungen sind durch Handlungsabsicht und Thema inhaltlich zusammengebunden. Sie gehen auseinander hervor, beziehen sich aufeinander und weisen folglich auch in ihrer äußeren Form die Einheit des Textes aus. Diese Einheit wird gewährleistet, auch wenn ein Text als Gespräch oder Diskussion von mehreren Sprechern – möglicherweise sogar mit entgegengesetzter Aussageabsicht – „erzeugt" wird.

Jedermann weiß aus Erfahrung, daß man vieles bedenken muß, wenn man einen Artikel schreiben oder eine Rede halten will. Aus welchem Anlaß und zu welchem Thema soll der Artikel geschrieben bzw. die Rede gehalten werden? Welche Interessen haben die Ansprechpartner, über welche Informationen bzw. was für ein Wissen verfügen sie? Auch die räumlichen und zeitlichen Umstände, unter denen z. B. eine Rede gehalten wird, dürfen nicht unberücksichtigt bleiben. Und dann muß man planen, d. h., man muß überlegen, mit welchem Vorgehen man seine Aussageabsicht am besten verwirklichen kann. Dabei steht die Frage im Vordergrund, wie man sich auf den Leser oder Hörer, den man ansprechen möchte, einstellen will. Von der Antwort auf diese Kardinalfrage aus sind u. a. folgende Fragen zu klären:

Vorüberlegungen zur Textproduktion

- Wie soll das Thema des Textes abgehandelt werden, welche Sachlogik ist zugrundezulegen?
- Welche Gliederung empfiehlt sich?
- Was ist zu sagen, und was ist wegzulassen?
- An welchen Stellen muß dargestellt, erörtert, bewiesen, gefordert, polemisiert, gefragt werden?

- Sind einfache kurze Sätze vorzuziehen, oder kann man auch komplizertere lange Sätze verwenden?
- Welche Wortwahl wird dem Thema und der Situation, in der man sich äußern will, am besten gerecht?

Nach solchen Vorüberlegungen und der Zusammenstellung des Materials kann der Text produziert werden. Das bedeutet, den vorgesehenen Inhalt nach erlernten Mustern in Wörtern, Wortgruppen, Sätzen, Abschnitten umzusetzen. Um das Verstehen des Textes zu gewährleisten, ist es hierbei nötig, daß nicht nur die Funktionen der einzelnen Wortgruppen oder Abschnitte vermittelt werden, sondern auch deren Begrenzung. Hierfür gibt es zwei Möglichkeiten:

1. Man kann innerhalb des Textes dessen Aufbau und Gliederung erklären. Mit Ankündigungen, Kommentaren, Hinweisen, Zwischenüberschriften usw. kann die Gedankenfolge angezeigt und erläutert werden, Zusammenfassungen können Abschnitte abschließen usw. Diese Möglichkeit bietet sich sowohl für den schriftlichen als auch für den mündlichen Sprachgebrauch an. *(sprachliche Mittel der Textgliederung)*
2. Man kann zusätzlich oder allein mit graphischen bzw. phonetischen Mitteln die Struktur des Textes verdeutlichen. Beim Schreiben lassen sich z. B. allein mit der Größe, der Art und der Auszeichnung der Buchstaben Abschnitte kennzeichnen. Beim Sprechen dagegen wird die Stimme mit ihren vielfältigen Variationsmöglichkeiten als Mittel der Gliederung genutzt. Diese phonetischen Mittel tragen außerdem dazu bei, die Aussageabsicht des Sprechers zu verdeutlichen. Sie können mit gestischen und mimischen Mitteln kombiniert werden. *(weitere Mittel)*

Damit ist der Gegenstand dieses Buches umrissen, denn ein Teil der zuletzt genannten phonetischen Gliederungs- und Ausdrucksmittel wird unter dem Begriff „Intonation" zusammengefaßt. Mit ihr wollen wir uns in diesem Buch beschäftigen.

1.2. Die Kennzeichnung des Aufbaus in geschriebenen Texten

Das Schreiben ist vom Sprechen abgeleitet worden. Es ist nicht direkt mit unserem normalen unmittelbaren Ausdrucksverhalten verbunden und deshalb weniger natürlich. Der direkte, unverfälschte Ausdruck von Emotionen, Stimmungen und Befindlichkeiten ist allein dem Sprechen eigen. Ein geschriebener Text „transportiert" folglich weniger Informationen als ein gesprochener Text. Dafür ist bei einem geschriebenen Text aber leichter zu erkennen, mit welchen Mitteln er aufgebaut worden ist.

E_{xp} 1

Gedankenexperiment, 1. Teil

Von einer Beratung, an der Sie nicht teilnehmen konnten, liegt sowohl eine flüchtige stenographische Mitschrift als auch ein Tonbandmitschnitt vor. Sie lesen zuerst einen Auszug aus der Mitschrift und hören dann das Tonband. Ihre Aufgabe besteht am Ende darin, die Wahrnehmung des Geschriebenen mit der des Gesprochenen zu vergleichen und die Unterschiede zu beschreiben.

Beispiel
(Hier zunächst das Stenogramm)

Sie haben 32 Stunden in jeder Woche acht Stunden Grammatik und Landeskunde auch phonetische Übungen in kleinen Gruppen wie im Intensivunterricht kann man auch in einem Sommerkurs intensiv arbeiten

Es fällt auf, daß dieser Textausschnitt in einer ungewöhnlichen Form geschrieben worden ist – man kann keine Gliederung erkennen. Es gibt keine Hinweise darauf, wie die Wortfolge unterteilt werden soll. Dadurch läßt sich der Sinn des Textes nicht eindeutig erfassen, denn es bestehen viele Möglichkeiten der Interpretation. Es ist also unumgänglich, den besonderen Aufbau eines jeden Textes zu verdeutlichen, und das ist die Aufgabe der Gliederung. Erst durch die Gliederung werden in einer Wortfolge sinnvolle Wortgruppen erkennbar.

Ü 1

Übung

Versuchen Sie, für die Wortfolge unseres Beispieles mehrere Varianten einer sinnvollen Gliederung zu finden! Markieren Sie die Gliederungsstellen zunächst nur mit einem Strich!

Sie haben 32 Stunden in jeder Woche / acht Stunden Grammatik und Landeskunde auch phonetische Übungen in kleinen Gruppen wie im Intensivunterricht kann man auch in einem Sommerkurs intensiv arbeiten

Lösung

Lösung 1.1. bis 1.3. Seite 124

Es gibt mehrere Möglichkeiten, einen geschriebenen Text zu gliedern:

1. Handelt es sich um längere Texte, werden Zwischenüberschriften und Absätze eingefügt. Macht ein Text zur besseren Verständlichkeit eine differenziertere Gliederung erforderlich, kann das durch die Numerierung von Abschnitten, das Einrücken von Textpassagen, Kommandostriche, die Verwendung graphischer Symbole oder den Wechsel in eine andere Schriftart geschehen. Schreibspezifische Gliederungsmittel

2. Handelt es sich um einen Text mit verteilten Rollen, wird der Sprecherwechsel jeweils durch Absatz und Angabe der Person signalisiert.

3. Nicht zu unterschätzen ist die Rolle der Satzzeichen. Sie signalisieren nicht nur das Ende von Sätzen, Phrasen oder Wortgruppen, sondern zeigen dem Leser beispielsweise auch Wertungen oder eine nachdenkliche Pause an.

   Die Abgeschlossenheit eines Satzes dokumentieren Punkt, Fragezeichen und Ausrufezeichen. Sie kennzeichnen den Satz zudem als Aussage, Frage, Ausruf, Aufforderung o. ä.

   In der Satzmitte können uns Komma, Semikolon, Doppelpunkt, Gedankenstrich und Klammern begegnen. Sie dienen jedoch lediglich der Kennzeichnung von Teilsätzen, Appositionen, erklärenden Einschüben oder auch von Hervorhebungen u. ä., d. h., der Satz ist an dieser Stelle auf keinen Fall zu Ende.

Übung Ü 2

Ersetzen Sie in den Varianten der Übung 1 die Gliederungsstellen durch Satzzeichen, so daß Sie sinnvolle Textabschnitte erhalten!

Sie haben 32 Stunden in jeder Woche / acht Stunden Grammatik und Landeskunde / auch phonetische Übungen in kleinen Gruppen wie im Intensivunterricht / kann man auch in einem Sommerkurs intensiv arbeiten

Lösung 2.1. bis 2.3. Seite 124 Lösung ←

Aus dem bisherigen Verlauf unseres Gedankenexperiments ergibt sich:

Aneinandergereihte Wörter ergeben noch keinen Sinn. Eine Folge von Wörtern – wie in unserem Experiment – kann erst dann als Teil eines sinnvollen Textes aufgefaßt werden, wenn mindestens folgende Bedingungen erfüllt sind: Minimalbedingungen für die Sinnhaftigkeit einer Wortfolge
1. die Wortfolge ist gegliedert,
2. die durch Gliederung entstandenen Abschnitte in der Wort-

folge sind als abgeschlossene oder nicht abgeschlossene Sätze gekennzeichnet, abgeschlossene Sätze darüber hinaus als Aussagen, Fragen oder Aufforderungen. Außerdem muß ablesbar sein, ob es sich bei bestimmten Abschnitten lediglich um Teilsätze, Appositionen oder herausgehobene Satzglieder handelt.

Lesende brauchen also die Gliederung als unbedingt erforderliche Gebrauchsanweisung für die Verarbeitung der wahrgenommenen Wortfolgen. Deshalb muß diese Gliederung wie ein Beipackzettel mitgeliefert werden, und dafür sind die schreibspezifischen Gliederungsmittel zielgerichtet einzusetzen. Nur so ist gewährleistet, daß der Leser die Bedeutung eines Textes eindeutig erfaßt.

1.3. Informationen aus gesprochenen Texten

So wie es schreibspezifische Mittel gibt, mit denen der Aufbau eines Textes einschließlich der Gliederung seiner Wortfolge verdeutlicht werden kann, so gibt es auch sprechspezifische Mittel, die ähnliches leisten. Sie signalisieren beispielsweise, daß ein Text in zwei Sätze gegliedert und der erste Satz als Frage, der zweite als Aussage zu verstehen ist.

Neben diesen unmittelbar satz- oder textbezogenen Informationen aber erschließt der Hörer weitere Kenntnisse (vergleiche die zusammenfassende Aufstellung im Abschnitt 1.4.). So können den Klangmerkmalen des Sprechens u. a. Informationen entnommen werden, die sich einerseits auf die Persönlichkeit des Sprechers und andererseits auf dessen Emotionszustand in der jeweils beobachteten Situation beziehen. Wir bezeichnen sie als sprecher- und als situationsbezogene Informationen. Beide sind in der Kommunikation bedeutungsvoll. Ihr Gewicht ist nicht geringer als das der satzbezogenen Informationen.

Sprecherbezogene Informationen werden aus allen Äußerungen gesammelt, um ein Bild vom Sprecher zu bekommen, um ihn als Mensch und Partner beurteilen zu können. Mein Handeln anderen gegenüber wird immer davon geleitet, wie ich deren Persönlichkeit bewerte. Wenn ich etwa mit jemandem zusammenarbeiten will, möchte ich ganz allgemein wissen, wie sein Temperament beschaffen ist, ob er sich leicht erregt, ob er schnell reagiert, ob er entschieden auftreten kann usw. Solange ich mit dem Betreffenden noch keine

Erfahrungen habe, beurteile ich ihn vorwiegend nach seinen Äußerungen, seiner Sprechweise. Das bringt der bekannte Satz zum Ausdruck: *„Sprich, damit ich dich sehe."*
Selbst wenn das Bild, das ich mir beim Zuhören von dem anderen mache, nur teilweise zutrifft oder nur einen vorläufigen Charakter hat – ganz wegwischen läßt sich dieser Eindruck nicht.

Situationsbezogene Informationen modifizieren in einem konkreten Kommunikationsereignis mein Bild vom Sprecher. Sie helfen mir, mich im Moment auf ihn einzustellen. Jede Begegnung, jedes Gespräch hängt vom Emotionszustand der Beteiligten ab. Es ist sehr schwer, ein ruhiges, sachliches Gespräch mit jemandem zu führen, der gerade zornig erregt ist. Eine erfolgreiche Kommunikation kommt nur zustande, wenn sich die Partner auch emotional verständigen. Dabei bereitet das Übertragen der Gefühlslage keine Schwierigkeiten. Der Ausdruck von Emotionen ist unvermittelt und wird von Kind an mit den Ausdrucksformen der Sprachgemeinschaft beherrscht. Der Hörende „erkennt" das Gefühl, den emotionalen Unterton, auch wenn der Wortlaut der Äußerung in eine andere Richtung weist. Die Wortfolge „Du bist ein feiner Mensch", ironisch gesprochen, wird ohne weiteres ironisch verstanden, auch wenn die Wörter das Gegenteil besagen. Der Ton macht die Musik. Mit dieser Unmittelbarkeit des Ausdrucks ist der Sprechende dem Schreibenden überlegen. Auch beim Schreiben können Gefühle so beschrieben werden, daß beim Lesen ein starker mitreißender Eindruck entsteht. Wie lebendig stehen uns manche Romangestalten vor Augen, wie intensiv wirken manche Gedichte auf uns. Eine solche Darstellung aber ist eine Kunst und erfordert großen Aufwand und großes Können. Der Sprechende dagegen denkt über seinen Ausdruck nur nach, wenn er etwas verbergen will. Die sprecherischen Ausdrucksmittel sind für die Menschen naturgegeben, und die meisten verfügen über sie – frei und ungehemmt.

Die Frage ist nun, welche Mittel benutzt der Sprecher? Welche sprechspezifischen Merkmale können wir neben dem Wortlaut beobachten, wenn wir Gesprochenes hören?
Folgende Merkmale lassen sich erfassen:

1. die Stimmlage bzw. Stimmgattung, d. h. die naturgegebene Höhe oder Tiefe einer Stimme, *sprechspezifische Merkmale*
2. der Stimmklang,
3. die naturgegebene Lautheit einer Stimme,
4. die Veränderung der Lautheit während des Sprechens,
5. die Melodieführung beim Sprechen,
6. das allgemeine Sprechtempo, das ein Sprecher in einem Text anschlägt,

15

7. die Tempovariationen während des Sprechens,
8. die Anzahl und Länge der Pausen sowie
9. Besonderheiten bei der Aussprache der Laute, Silben und Wörter.

Ü3 Übung

Suchen Sie Begriffe, mit denen Sie die folgenden Merkmale möglichst treffend beschreiben können! Denken Sie dabei an Personen aus Ihrer Umgebung oder an Sprecher von Funk und Fernsehen!

Merkmal	Beschreibungsmöglichkeit
Stimmlage	hoch, ...
Stimmklang	weich, ...
Melodieführung	monoton, ...
Lautheit	sehr leise, ...
Sprechtempo	schnell, ...
Aussprache	sehr präzise, ...

Lösung
━━━➤

Beschreibungsmöglichkeiten s. 3., Seite 125!

1.4. Die Intonation — Leistungen und Mittel

Intonation

Die für das Sprechen charakteristische Intonation ist zuerst ein Teil des Sprachsystems. Sie unterstützt oder ermöglicht den Aufbau von Wörtern, Sätzen, Texten und kann daher als Satz- und Textbildungsmittel bezeichnet werden. Mit dieser Leistung ist sie der Zeichensetzung, ohne die kein geschriebener Text formiert werden kann, vergleichbar (siehe Abschnitt 1.2.). Demzufolge zählen zu ihren Mitteln diejenigen Merkmale des Sprechens, mit denen diese Leistungen erzielt und somit die bereits benannten satz- bzw. textbezogenen Informationen übertragen werden können. Um das Verhältnis zwischen ihnen und weiteren Informationen, die aus einem Text hergeleitet werden können (vgl. hierzu Abschnitt 1.3.) noch einmal zu verdeutlichen, greifen wir auf das Gedankenexperiment im Abschnitt 1.2. zurück.

Exp 2 **Gedankenexperiment, 2. Teil**

Hören Sie jetzt den im 1. Teil des Gedankenexperiments angekündigten Tonband-Mitschnitt! Hierbei erkennen Sie sofort, ob es sich um die Äußerung eines einzelnen oder um ein Gespräch zwischen zwei oder mehr Personen

16

handelt. Ohne größere Schwierigkeiten können Sie das Gehörte aufschreiben und – falls mehrere sprechen – auch ein „Rollenbuch" herstellen.

Aus den möglichen Varianten unserer Textgliederung haben wir folgende ausgewählt:

A: Sie haben 32 Stunden.
B: In jeder Woche acht Stunden Grammatik und Landeskunde.
A: Auch phonetische Übungen!
C: In kleinen Gruppen?
A: Wie im Intensivunterricht!
C: Kann man auch in einem Sommerkurs intensiv arbeiten?

1.1.

Nach dieser Variante handelt es sich um ein Gespräch zwischen drei Beteiligten, die sich über die Planung der Lehrveranstaltungen in einem Ferienkurs unterhalten. Neben der Zahl der Beteiligten wird Ihnen sicherlich verschiedenes deutlich, was der geschriebenen Wortfolge nicht oder zumindest nicht sicher zu entnehmen war.

Übung

Ü 4

Überlegen Sie, was aus der Tonbandaufnahme des behandelten Gesprächs *zweifelsfrei* zu ermitteln bzw. was nicht zu erkennen ist, wozu Sie aber auf Grund von Hinweisen aus der Aufnahme wenigstens Vermutungen anstellen können! Wählen Sie aus den folgenden Antworten aus!

Zu erkennen ist

1. der Gegenstand des Gesprächs und seine Behandlung (der eigentliche Gesprächsinhalt),
2. wieviel Personen an dem Gespräch beteiligt sind,
3. welche Wortfolgen jedem Beteiligten zuzuordnen sind und an welchen Stellen der Sprecherwechsel stattfindet,
4. ob es sich um Aussagen, Fragen, Bitten, Aufforderungen usw. handelt,
5. wie die Sprecherbeiträge gegliedert sind und was in ihnen als besonders wichtig angesehen wird,
6. ob die Wörter richtig ausgesprochen und auch richtig akzentuiert werden,
7. aus welchem Land bzw. aus welcher deutschen Sprachlandschaft die Sprecher stammen,
8. das Alter der Beteiligten,
9. das Geschlecht der Beteiligten,
10. der Gesundheitszustand der Beteiligten,
11. Charakter und Temperament der Sprecher,

17

12. der Bildungsstand der Sprecher,
13. Engagement, Erregung, emotionale Gestimmtheit während des Gesprächs,
14. Ort und räumliche Bedingungen des Gesprächs,
15. der Zeitpunkt, zu dem das Gespräch stattfindet,
16. ob das Gespräch unter zeitlichem Druck oder in gelöster Atmosphäre geführt wird,
17. das Verhältnis der Beteiligten zueinander (gibt es einen Vorgesetzten, wer ist es usw.).

Wenn Sie den im Gedankenexperiment angegebenen Gesprächstext überdenken und dabei ihre Erfahrungen zu Rate ziehen, fällt es Ihnen sicher nicht schwer zu entscheiden, welche der Antworten angemessen beschreiben, was Sie dem Gespräch zusätzlich zum Wortlaut entnehmen können und was nicht. Wir versuchen bei der folgenden Diskussion, die Antworten in Gruppen zusammenzufassen.

Zu den Antworten 1 bis 6

Hörend erfaßbar

Diese Antworten sind offenbar unproblematisch. Auch wenn man ein Gespräch nur mit anhört, also niemanden sieht, erfaßt man ohne Schwierigkeit *die Zahl der Beteiligten, ihre Beiträge, deren Gliederung und Aussageabsicht.* Man erkennt an der Hervorhebung im Satz, *was den Sprechenden wichtig ist,* und an der Hervorhebung im Wort sowie an der Aussprache der Wörter, *ob die Ausspracheregeln eingehalten werden.*

Zu den Antworten 7 bis 12

Hörend erfaßbare Persönlichkeitsmerkmale

Diese Antworten betreffen Persönlichkeitsmerkmale der Beteiligten (Sie können zum Teil als zutreffend beurteilt werden.). So ist auf Grund der Stimmlage am sichersten zu ermitteln, ob *ein Mann oder eine Frau spricht.* Kinderstimmen und manchmal auch Altersstimmen sind allerdings nicht geschlechtsspezifisch, so daß in solchen Fällen eine Unterscheidung schwerfällt.

Die sprachliche Herkunft der Sprecher ist insofern gut zu erfassen, als zumindest erkennbar ist, *ob es sich um Deutsche oder Ausländer handelt* und *ob* die Deutschen *Umgangssprache oder Dialekt* sprechen. Die genaue Sprachlandschaft zu bestimmen, setzt spezielle Kenntnisse voraus, das trifft auch auf das genaue Herkunftsland eines Ausländers zu.

Das *Alter* kann sich im Sprechtempo und in der Beherrschung des Sprechausdrucks zeigen. Eine genaue Altersbestimmung ist jedoch kaum möglich, zu erfassen sind nur größere Altersabschnitte. In unserem Textbeispiel könnte aber vermutlich entschieden werden, ob sich Dozenten oder Studenten über den Ferienkurs unterhalten.

Allgemeine Krankheiten wirken sich nur gelegentlich und dann auch nur in schweren Fällen auf Stimme und Sprechweise aus. Deshalb ist der allgemeine Gesundheitszustand aus einer Tonaufnahme im allgemeinen nicht zu erschließen. Unüberhörbar sind aber *Stimm- und Sprachstörungen*.

Weniger der Charakter, wohl aber das *Temperament* ist unmittelbar aus der Sprechweise ablesbar. Wer lebhaft ist, spricht auch lebhaft, d. h. mit deutlichen und häufigen Veränderungen in Lautstärke und Sprechtempo sowie mit ausgeprägten Melodieverläufen. Wer dagegen ruhig oder vielleicht sogar depressiv ist, neigt zu einer langsameren und monotonen Sprechweise, zu gedämpfter Stimmgebung, zu einer leichten Heiserkeit.

Temperament und Charakter werden bei einem Gesprächskontakt intuitiv erschlossen. Diese Beurteilungen sind meist zutreffend. Allerdings darf man kultivierten, klangvollen, angenehmen Stimmen nicht automatisch positive Charaktereigenschaften zuordnen, und Personen mit lauten, scharfen, durchdringenden Stimmen sollte man nicht ohne weiteres Herrschsucht und Grobschlächtigkeit nachsagen. Beides kann im Einzelfall zu Fehlurteilen führen.

Die Art zu sprechen und zu formulieren läßt zweifelsohne Mutmaßungen über den Bildungsstand eines Sprechers zu. Dabei spielt nicht nur der Aufbau der Rede oder der Satzbau eine Rolle, sondern auch die Art und Weise der Behandlung des Themas und die Wortwahl. Rückschlüsse kann man aber auch aus der dem Sprecher eigenen Artikulation und Melodieführung sowie der Verwendung stimmlicher Ausdrucksmittel ziehen. Dabei gelten eine dialektnahe Artikulation und Melodisierung nicht von vornherein als unkultiviert.

Zur Antwort 13

Diese Antwort trifft zu. Aus dem Wortlaut, vor allem aber aus der Sprechweise kann in der Regel sicher erschlossen werden, in welchem Maße die einzelnen Sprecher bzw. Teilnehmer eines Gesprächs emotional engagiert sind. *Verwunderung* und *Verärgerung, Zorn* und *unbeherrschte Wut,* aber auch *Freude, Trauer, Ängstlichkeit* und andere Emotionen sind aus der Lautstärke, dem Sprechtempo, der Stimmhöhe, dem Stimmklang und weiteren Merkmalen der Sprechweise relativ sicher zu erkennen. Wenn z. B. ein Sprecherbeitrag ironisch gemeint ist, geht das zwar nicht aus dem Wortlaut hervor, wäre aber aus der Sprechweise zweifelsfrei zu erschließen.

Hörend erfaßbare Emotionen

Zu den Antworten 14 und 15

Beide Antworten betreffen die äußeren Umstände des Gesprächs, die in vielen Fällen für das sprachliche und sprecherische Verhalten der Beteiligten von Bedeutung sind (so können sich z. B. schlechte akustische Verhältnisse oder eine ungünstig gewählte Uhrzeit sehr negativ auswirken). Beide Antworten sind jedoch falsch. Werden Ort, Tag und Stunde im Gespräch nicht erwähnt, gibt es in der Regel keine Möglichkeit, diese Angaben aus dem Verhalten der Gesprächsteilnehmer zu ermitteln. Allerdings lassen Raumton und Nebengeräusche, wenn sie bei einer Aufnahme mit aufgezeichnet worden sind, gelegentlich entsprechende Rückschlüsse zu.

Zur Antwort 16

Hörend erfaßbare Bedingungen des Gesprächs

Diese Antwort erweist sich als richtig. Die Frage nach der zeitlichen Begrenzung eines Gesprächs und dem daraus resultierenden Druck, unter den sich die Beteiligten gesetzt fühlen, kann aus dem Gesprächsverlauf, dem Verhalten der einzelnen und der Sprechweise meist zutreffend beantwortet werden. Wird die Zeit nämlich zu knapp, unterbricht man sich gegenseitig häufiger, bemüht sich um möglichst knappe Antworten, artikuliert hastig und wenig ausdrucksvoll, verspricht sich auch auf Grund des höheren Sprechtempos und verweist schließlich auf das baldige Gesprächsende. Genau so eindeutig ist erkennbar, wenn es sich bei einem Gespräch um eine geruhsame Unterhaltung handelt.

Zur Antwort 17

Hörend erfaßbare zwischenmenschliche Beziehungen

Auch diese Antwort trifft zu. Man hört sofort, ob die Sprechenden freundlich-kontaktinteressiert miteinander umgehen oder Distanz wahren wollen bzw. nur auf kühle Sachlichkeit und reinen Informationsaustausch Wert legen. Sind die Beteiligten „gleichberechtigt", so achtet in der Regel jeder darauf, daß mindestens die eigene Person in ihren Rechten nicht eingeschränkt wird. Der Redende läßt sich kaum unterbrechen, weil er sich durchzusetzen versucht, damit auch seine Meinung gehört wird. Auf Angriffe wird er überlegen-sachlich oder mit Gegenangriffen reagieren. Bei gleichrangigen Partnern wird ein freundlicher, höflicher Ton in der Regel mit Freundlichkeit und ruhigem Gesprächsverhalten honoriert. Aggressivität im Ausdruck dagegen ruft leicht scharfe und laute Entgegnungen hervor.

Ist einer der Beteiligten dagegen (als Lehrer den Schülern gegenüber, als Vorgesetzter, Diskussionsleiter usw.) den anderen übergeordnet, so haben sie nicht nur das Recht, sondern vielfach sogar die Pflicht, das Gespräch zu leiten. Dieses Gesprächsmitglied dominiert dann, erteilt das Wort, unterbricht bei Weitschweifigkeit, unterbindet persönliche Angriffe und lenkt die Diskussion. In dieser Funktion muß sich die betreffende Persönlichkeit notfalls auch mit Lautstärke und Zurechtweisungen durchsetzen oder aber – eine andere Möglichkeit – ihre Überlegenheit durch besonders leises und ruhiges Sprechen anzeigen. Alle anderen Gesprächsteilnehmer dagegen fügen sich, wenn sie die Autorität des Höherstehenden akzeptieren, sie halten sich also mit ihren Reaktionen zurück. Aus dem Wortlaut des Gesprächs und aus der Sprechweise lassen sich folglich bei einem genügend langen Text die Beziehungen der Gesprächsteilnehmer untereinander meist gut ermitteln.

Aus den Anmerkungen zu den einzelnen Antworten, die wir Ihnen zur Entscheidung vorgelegt hatten, läßt sich nunmehr verallgemeinernd folgendes feststellen:

Aus einem gesprochenen Text können Informationen abgeleitet werden, die sich beziehen
- auf den Inhalt des Textes, der durch den Wortlaut, die Gliederung des Gesprochenen, die Hervorhebung von Wichtigem und die Kennzeichnung des Aussageziels der einzelnen Wortgruppen bzw. Sätze getragen wird (satz- bzw. textbezogene Informationen, vgl. 1.3.),
- auf die Person des Sprechenden bzw. der Sprechenden (sprecherbezogene Informationen, vgl. 1.3.),
- auf die Emotion und Motivation sowie das Situationsverständnis der Sprechenden zum Zeitpunkt des Sprechens (situationsbezogene Informationen, vgl. 1.3.),
- auf die Sprecherbeiträge und den Sprecherwechsel im Falle eines Gesprächs,
- auf das Verhältnis, das die Sprechenden in einem Gespräch zueinander haben.

Ergebnis der Auswertung

Um die Absicht eines Sprechers, den Sinn der Äußerung, das „Gemeinte" möglichst vollständig zu erfassen, ziehen die Hörenden jede erreichbare Information heran. Man möchte nicht nur wissen, was die Sprechenden wollen, man möchte auch beurteilen können, mit welchem Nachdruck sie es wollen und wie ernsthaft und wahrhaftig sie sich äußern. Deswegen versucht man die Personen und ihre momentane Stimmungslage zu bewerten. Signale hierüber gehen auch von der Intonation aus. Die Intonation ist also nicht nur Satz- und Textbildungsmittel, sie fungiert auch als Ausdrucksmittel. Die Sprechenden können sie nutzen, um Einstellungen, Emotionen und Befindlichkeiten zu signalisieren.

Die *Hauptleistungen der Intonation* bestehen darin,
1. in mehrsilbigen Wörtern einzelne Silben hervorzuheben (Wortakzent),
2. inhaltlich wichtige Wörter vor weniger wichtigen hervorzuheben (Wortgruppenakzent),
3. die Folge der gesprochenen Wörter zu gliedern und in

Leistungen der Intonation

21

Gruppen zusammenzufassen (Gliederung in rhythmische Gruppen),

4. die durch Gliederung entstandenen Wortgruppen als abgeschlossen oder nichtabgeschlossen zu kennzeichnen,
5. die abgeschlossenen Gruppen als Aussage, Frage oder Aufforderung zu charakterisieren,
6. das Gesprochene als eine ruhig-sachliche oder emotionalisierte Äußerung anzuzeigen,
7. die Haltung den Hörenden gegenüber zu signalisieren, z. B. Freundlichkeit und Kontaktinteresse oder Sachlichkeit und distanzierende Zurückhaltung,
8. die Abschnitte des Textes und damit dessen Aufbau erkennbar zu machen,
9. in einem Gespräch die Stelle des Sprecherwechsels zu markieren.

Merkmale des Sprechens

Um diese Leistungen zu vollbringen, werden in der deutschen Sprache folgende *Merkmale des Sprechens* (vgl. 1.3.) genutzt:

- die *Melodieführung* beim Sprechen,
- die *Veränderung der Lautheit* während des Sprechens,
- die *Tempovariation* beim Sprechen,
- die *Pausensetzung*.

intonatorische Mittel

Diese Merkmale werden als *intonatorische Mittel* bezeichnet. Mit ihnen befassen wir uns im folgenden Kapitel.

2 Die intonatorischen Mittel

Nach Abschnitt 1.4. fungieren *Melodieführung, Lautheitsveränderungen, Tempoveränderungen* und *Pausensetzung* als intonatorische Mittel, weil sie

intonatori-sche Mittel

- einzelne Wörter bzw. Silben aus ihrer Umgebung herausheben und so die Aufmerksamkeit auf sie lenken,
- im Strom des Sprechens Einschnitte anzeigen und auf diese Weise Wortgruppen und Abschnitte erkennen lassen,
- am Ende von Wortgruppen und Abschnitten signalisieren, wie diese Einheiten zu verstehen sind.

Leistungen der intona-torischen Mittel

Die intonatorischen Mittel helfen also den Sprechenden, einen Text zu gestalten – im eigentlichen Wortsinn: ihm eine „Gestalt" zu geben. Nur wenn das Gesprochene Gestalt hat, ist es – wie wir gesehen haben – erfaßbar und verstehbar. Das Wort „Gestalt" erinnert nicht zufällig an eine künstlerische Statue. Mit deren Körperform und Haltung gibt der Bildhauer seiner Figur das Unverwechselbare, mit dem er seine Aussageabsicht kundtut. Eine andere Aussageabsicht hätte eine andere Gestaltung zur Folge. Ähnlich ist es bei den Sprechenden. Auch ihre Gestaltung hängt davon ab, was sie sagen wollen. Ihre Intonation ist also vielgestaltig, insbesondere auch deshalb, weil die intonatorischen Mittel auf verschiedene Weise miteinander kombiniert werden können. Es gehört jedoch zur Spezifik einer Sprache, daß immer nur bestimmte Kombinationen und bestimmte Gestaltungsweisen benutzt werden. Uns interessiert hier, welche davon für die Standardaussprache des Deutschen Bedeutung haben und wie sie zu beschreiben sind.

die Intona-tion als Ge-staltungs-mittel

2.1. Musikalische Gestaltungsmittel – intonatorische Mittel

Um das Gestalthafte des Gesprochenen verdeutlichen zu können, haben wir das Sprechen zunächst mit der Bildhauerkunst verglichen. Aufschlußreicher aber ist es, wenn den Sprechenden die Schöpfer eines Liedes gegenübergestellt werden. Der Wortlaut eines Liedes kann gesungen, aber auch rezitiert werden. Der durch die Komposition vorgegebene Tonsatz entspräche dann dem Intonationsverlauf in der Rezitation und ließe sich auch ohne die Worte der Dichtung betrachten. Als Beispiel wählen wir Goethes „Heidenröslein", das erstmals 1773 als „älteres deutsches Lied" – als Volkslied – gedruckt wurde.

> Sah ein Knab' ein Röslein stehn,
> Röslein auf der Heiden,
> War so jung und morgenschön,
> Lief er schnell, es nah zu sehn,
> Sah's mit vielen Freuden.
> Röslein, Röslein, Röslein rot,
> Röslein auf der Heiden.

Die noch heute gern gehörte Vertonung des Goetheschen Gedichts stammt von Heinrich Werner, einem Zeitgenossen Goethes. Sein Tonsatz hat folgende Gestalt (vgl. auch mit der Tonaufnahme):

2.1.

Diese Aufzeichnungsweise ist vielen Menschen vertraut. Um Musikstücke schriftlich fixieren und die künstlerischen Absichten der Komponisten so genau wie möglich verwirklichen zu können, wurde im Laufe der Jahrhunderte eine Notenschrift entwickelt. *Noten* sind Schriftzeichen für Töne. Mit ihrer Hilfe und einigen zusätzlichen Angaben lassen sich alle wesentlichen Bestandteile einer Komposition notieren. Das geschieht auf folgende Weise:

Noten

24

- Die Gestalt der Noten – o, 𝅝, ♩, ♪, ♬ usw. – zeigt die Dauer des jeweiligen Tones (= Notenwert) an.

- Aus der Plazierung einer Note in einem Fünfliniensystem (= Notensystem) erkennt man den dazugehörigen ganz konkreten Ton in seiner entsprechenden Höhe oder auch Tiefe. Der jeweilige Schlüssel (z. B. Violin- oder Baßschlüssel) sowie die sogenannten Vorzeichen zu Beginn einer jeden Zeile sind weitere Mittel zur Modifizierung der Tonlage.

- Die am Anfang des Musikstücks angezeigte Taktart gibt eine Zeitgliederung und damit verbunden auch ein Betonungssystem vor. So enthält z. B. ein ⁶⁄₈-Takt – wie beim Heidenröslein – 6 Zählzeiten (= 6 Achtelnoten), wobei die Hauptbetonung auf der jeweils ersten Achtelnote eines Taktes liegt. Das Ende eines Taktes wird durch den Taktstrich signalisiert.

- Entsprechend der Notenlänge gibt es auch Pausen, also Achtelpausen, Viertelpausen, halbe und ganze, um die üblichsten zu nennen:

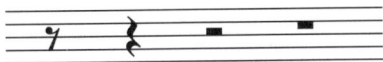

- Um eine Melodie zu erhalten, wird eine Folge von Tönen aneinandergereiht; die Gliederung dieser Melodie erfolgt durch die beschriebenen Mittel, also Taktstriche, Pausen usw.

- Durch zusätzliche Zeichen, Wörter oder Abkürzungen wird außerdem festgelegt, wie eine solche Melodie vorzutragen ist, z. B. p = piano (leise) oder f = forte (laut), ein Bogen bedeutet gebunden, das Zeichen < bedeutet anschwellen / lauter werden. Daneben findet man Bezeichnungen wie marcato (= betont), presto (= schnell), tenuto (= gehalten) oder staccato (= abgestoßen).

Die Notenschrift ist also ein streng geregeltes Darstellungssystem. Mit Hilfe dieses Systems hat auch Heinrich Werner seine Vertonung des „Heidenrösleins" so genau aufgezeichnet, daß sie von jedem, der die Notenschrift beherrscht, nachgesungen oder -gespielt werden kann. Ein Musiker liest also die Noten, versteht den Aufbau der Komposition (der in unserem Beispiel zunächst nicht beachtet worden ist) und könnte sie folgendermaßen beschreiben:

1. Das Stück umfaßt 14 Takte, die durch Pausen in drei ungleich große Abschnitte untergliedert werden:
   (1) Takt 1–4 (Pause),
   (2) Takt 5–10 (Pause),
   (3) Takt 11–14 (Schluß).
2. Die Takte 2, 6, 8 und 12 schließen jeweils mit einem langen Notenwert, auf den die Hälfte der 6 Zählzeiten des Taktes entfällt.

Diese starke Dehnung am Taktende zeigt eine weitere Untergliederung an:
(1) Takt 1–2 (Dehnung), Takt 3–4 (Pause),
(2) Takt 5–6 (Dehnung), Takt 7–8 (Dehnung) und
Takt 9–10 (Pause).
(3) Takt 11–12 (Dehnung), Takt 13–14 (Schluß).
3. Durch die Melodieführung hebt sich der Abschnitt (3) mit den Takten 11–14 von den beiden anderen Abschnitten ab. In ihm wird ein melodischer Gipfel aufgebaut, der einen emotionalen Höhepunkt anzeigen kann.

Dieser Beschreibung folgend, könnte man den Notensatz unseres Liedes in einer neuen Anordnung notieren:

Diese musikalische Gestalt entspricht genau dem Goetheschen Gedicht, der Form seiner Strophen, der Länge seiner Verszeilen und der Verteilung der Betonungsstellen in den Verszeilen. Infolgedessen

26

würde die „intonatorische Gestalt", die ein Sprecher beim Rezitieren formt, in bezug auf die Akzente, Pausen und Melodiebewegungen sehr ähnlich ausfallen (vgl. die Tonaufnahme 2.2.). Auch die Sprechenden akzentuieren, indem sie die hervorzuhebenden Wörter oder Silben dehnen und sie melodisch von den benachbarten Silben abheben. Auch sie setzen Pausen, wenn der Text dies erfordert, und senken oder heben vor einer Pause die Stimme, wenn die Äußerung abgeschlossen bzw. noch nicht abgeschlossen ist. Dieser Übereinstimmungen wegen hat es wiederholt Versuche gegeben, intonatorische Gestalten notenschriftähnlich aufzuzeichnen. Wir halten diese Versuche für problematisch, denn neben Übereinstimmungen gibt es auch Unterschiede, von denen hier folgende von Bedeutung sind:

2.2.

Unterschiede zwischen Intonationsmuster und Komposition

- Die komponierte Melodie bewegt sich in vorgeschriebenen Intervallen, jede Note muß auf einer Tonstufe gehalten werden. Die Sprechmelodie dagegen besteht vorwiegend aus Gleittönen; feste Tonstufen sind in der Regel nicht zu erkennen.
- In einer Komposition ist die Höhe der Töne (physikalisch bestimmt als Zahl der Schwingungen in der Sekunde) und damit die Lage der Melodie im musikalischen Tonbereich genau festgelegt. Die Sprechmelodie dagegen wird von den Sprechenden ganz selbstverständlich ihrer individuellen Stimmlage angepaßt.
- In der Komposition ist die Gliederung einer melodischen Bewegung durch die einheitlich festgelegten Noten- und Pausenwerte sowie durch die angegebene Taktart genau vorgeschrieben; der Musiker kann davon nur geringfügig abweichen. Der Sprecher dagegen ist freier; auch er tendiert dazu, Ähnliches in ähnlicher Art zu wiederholen, doch er orientiert sich dabei – zumindest im Deutschen – nicht an der Dauer von Takten, sondern an den Akzenten. Die Dauer von Sprechtakten und ihre Füllung mit Silben und Wörtern kann sehr stark variieren.
- Musikalische Takte beginnen prinzipiell mit einer Schwere. Dieses Schema ist auch auf das Sprechen übertragen worden. Dabei bleibt aber unberücksichtigt, daß die Akzentstelle einer Äußerung vom Wort- und Satzbau abhängig ist. Als *Akzentgruppen* oder „Sprechtakte" sind daher Wort- oder Silbengruppen anzusehen, die sich um einen Akzent herum bilden.

Akzentgruppe oder Sprechtakt

- Auch die Lautheit wird beim Sprechen freier und stärker variiert als z. B. beim Singen. Wenn in einer Komposition keine spezifischen Hinweise hierzu enthalten sind, werden im Prinzip nur Taktanfänge oder andere Schweren geringfügig verstärkt (es sei denn, daß ein Künstler im nachhinein eigene Interpretationsvorschläge macht).

Es zeigt sich also, daß die Gestaltung eines musikalischen Werkes mit der Notenschrift sehr genau vorgeschrieben wird. Intonationsmuster hingegen können dem Sprecher lediglich Anhaltspunkte geben. Er soll die Möglichkeit haben, die richtigen Muster seiner Absicht und der Situation gemäß zu variieren. Folglich müssen wir für unser Übungsbuch anstelle der Notenschrift andere Aufzeichnungsmöglichkeiten verwenden.

2.2. Die Aufzeichnung der Intonation

Neben der Notenschrift sind für die Aufzeichnung der Intonation unterschiedliche Möglichkeiten erprobt worden. Wir wählen hier zwei Formen, die wir als Melodie-Notierung und als Tonbruch-Notierung bezeichnen.

Die Melodie-Notierung

Diese Form der Aufzeichnung steht der in der Musik gebräuchlichen Notenschrift sehr nahe. Der Verlauf der Melodie wird hierbei in einem *Vier-Linien-System* dargestellt. Jede Silbe wird durch einen Strich gekennzeichnet, akzentuierte Silben durch einen fetten Strich. Die Lage der Striche in diesem System zeigt die Tonhöhe der Silben an; schräg nach oben oder unten zeigende Striche stehen für auffällige melodische Gleitbewegungen in den betroffenen Silben.

Vier-Linien-System

Das Vier-Linien-System symbolisiert den im Deutschen genutzten Tonhöhenbereich der Sprechmelodie. Dieser Bereich kann in den einzelnen Sprachen unterschiedlich groß sein. Im Italienischen und Russischen z. B. ist er größer, im Ungarischen kleiner als im Deutschen. Auch die Lage des Sprechmelodiebereichs im Gesamtumfang der menschlichen Stimme kann von Sprache zu Sprache verschieden sein. So sprechen Italiener beiderlei Geschlechts und Russinnen in der Regel höher als ihre deutschen Partnerinnen und Partner.

Die vier Linien dieses Systems untergliedern den Gesamtbereich in einen unteren, mittleren und oberen Sprechbereich.

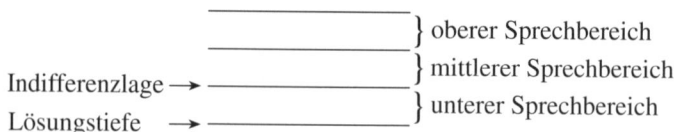

$$
\begin{array}{l}
\text{──────────} \\
\text{──────────} \} \text{ oberer Sprechbereich} \\
\text{Indifferenzlage} \rightarrow \text{──────────} \} \text{ mittlerer Sprechbereich} \\
\text{Lösungstiefe} \rightarrow \text{──────────} \} \text{ unterer Sprechbereich}
\end{array}
$$

unterer Sprechbereich

Der *untere Sprechbereich* hat als untere Grenze die sogenannte Lösungstiefe, die vor allem bei nachdrücklicher Sprechweise am Ende einer Äußerung erreicht wird. Nach oben wird dieser Bereich durch die sogenannte physiologische Normalsprechlage, auch Indifferenz-

28

lage genannt, abgegrenzt. Diese Normalsprechlage hängt von der Stimmgattung (z. B. Baß, Tenor, Alt, Mezzosopran), also von den physiologischen Gegebenheiten ab. Im allgemeinen wird sie bei entspanntem, gleichgültigem Summen erreicht. In der Indifferenzlage können noch Akzentsilben liegen. Unterhalb dieser Lage treten normalerweise keine Akzente mehr auf.

Der *mittlere Sprechbereich*, der über der physiologischen Normalsprechlage liegt, umfaßt etwa eine Quarte. In diesem Bereich liegen bei ungespanntem Sprechen die Mehrzahl der Akzentsilben und die akzentlosen Silben zwischen ihnen.

In den *oberen Sprechbereich* gelangt die Sprechmelodie bei besonders freundlicher Äußerungsweise, bei sehr nachdrücklicher oder stark emotionalisierter Akzentuierung, hin und wieder auch am Ende von unvollendeten Äußerungen.

Die Melodie-Notierung bietet ein Bild des Melodieverlaufs. In grober Annäherung werden die Intervalle des Steigens und Fallens der Sprechmelodie sowie die Tonhöhenlagen der einzelnen Silben angegeben. Dennoch handelt es sich nur um ein schematisiertes Bild. Zeichnet man beispielsweise mit einem computergestützten Analysator die Veränderungen des Grundtons (der Grundfrequenz) beim Sprechen auf (siehe die folgende Abbildung), so ist schon beim ersten Blick zu erkennen, daß es praktisch keine Silben gibt, die auf einem Ton gehalten werden. Die Sprechmelodie steigt oder fällt normalerweise nicht treppenförmig, sondern durch eine kontinuierliche Veränderung der Tonhöhe in den Silben. Seite 30 zeigt solch einen Verlauf der Grundfrequenz und der Intensität.

Trotz dieses ständigen Auf- und Abgleitens der Sprechmelodie gewinnen wir beim Hören in der Regel den Eindruck, daß die Mehrzahl der Silben auf einem bestimmten Ton liegt und daß Gleittöne selten auftreten. Das Gleiten der Sprechmelodie wird fast nur in langen akzentuierten Silben bemerkt. Bei der Melodie-Notierung kann es daher als berechtigt angesehen werden, wenn für die meisten Silben feste Töne (waagerecht verlaufende Striche) und nur für wenige Silben Gleittöne (schräg nach oben oder unten verlaufende Striche) angezeigt werden (vgl. die Notierungen mit der Tonaufnahme 2.3.).

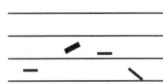

2.3.

Am Vórmittag.   Was treíbst du denn da?

Die Tonbruch-Notierung

Im Vergleich zur Melodie-Notierung wird bei dieser Form der Aufzeichnung der Verlauf der Sprechmelodie noch stärker schematisiert.

29

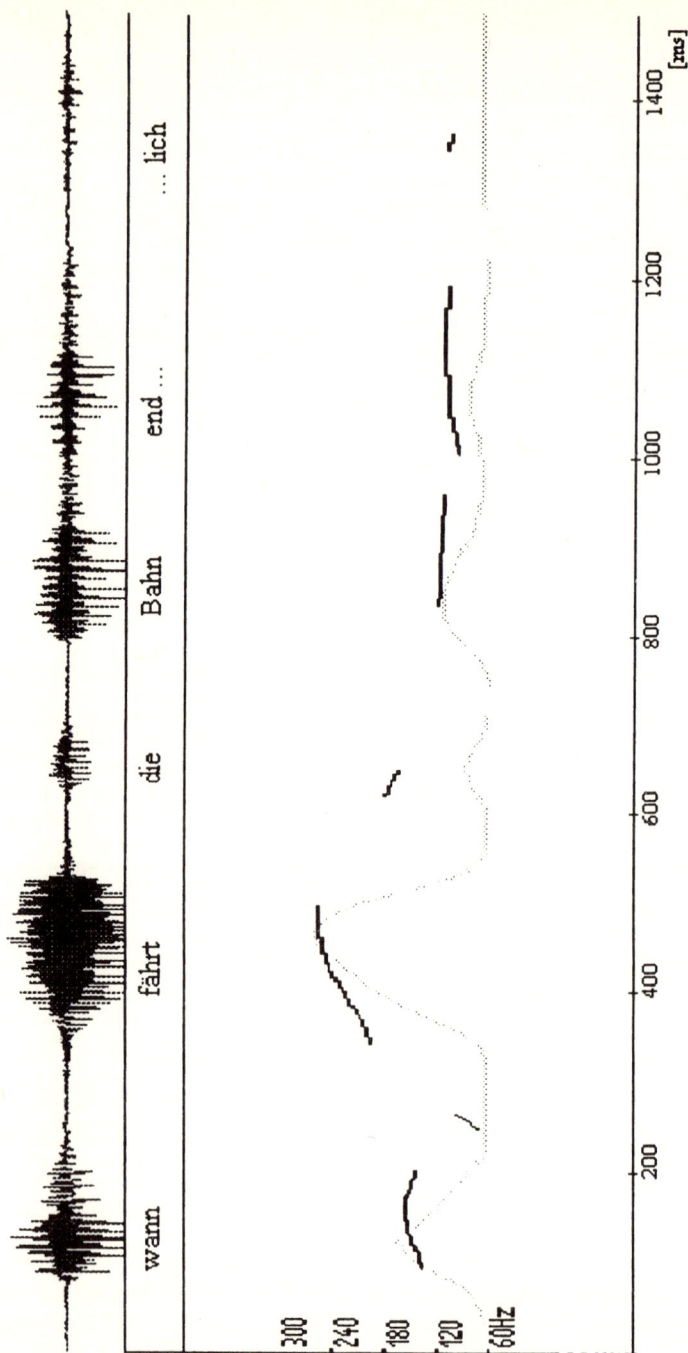

Verlauf der Grundfrequenz und der Intensität

Die *Tonbruch-Notierung* beschränkt sich darauf, in Wörtern oder Textzeilen diejenigen Stellen zu markieren, an denen Tonbrüche auftreten, also die Sprechmelodie auffällig verändert wird. Meist sind davon akzentuierte Silben betroffen, die z. B. durch eine steigende oder steigend-fallende Melodiebewegung von den benachbarten Silben abgehoben werden. Am Ende von Äußerungen wird außerdem das Steigen oder Fallen der Sprechmelodie angezeigt. Es werden hauptsächlich folgende Zeichen verwendet (vgl. mit der Tonaufnahme 2.4.):

/ *vor einer Silbe:* steigende Melodie, diese Silbe liegt höher als die vorausgehende

1   Hal / lo!   Wa / rum?   Ist er be / kannt?

_/ *nach einer Akzentsilbe:* steigende Melodie bei tiefliegender Akzentsilbe

2   Wirk/lich?   Sagst/ du es mir?   Bit/ te sehr!

\ *vor einer Silbe:* fallende Melodie, diese Silbe liegt tiefer als die vorausgehende

3   Mein \ Buch.   Guten \ Tag!   Ein Be\richt.

⁻\ *nach einer Akzentsilbe:* fallende Melodie bei hochliegender Akzentsilbe

4   Ja⁻\ doch!   Ach⁻\tung!   Weg⁻\ hier!

/‾\ *eine Silbe einschließend:* steigend-fallende Melodie, diese Silbe liegt höher als die benachbarten Silben

5   Be/acht\lich.   Ich /schrei\be.
     Wann /kommst\ Du?

__/ *eine Silbe einschließend:* fallend-steigende Melodie, diese Silbe liegt tiefer als die benachbarten Silben

6   Wann \kommst/ Du?   Na\tür/lich!
     Mo\ment/ mal!

→ *unter Nachakzentsilben:* Fallen der Melodie bis in die Lösungstiefe

7   Be/zah\len!   Hast Du mein /Buch\ mitge-
     bracht?
     Ver/giß\ mich nicht!

↗ *vor und über einer Akzentsilbe:* steigend-fallende Melodie in dieser Silbe

8   Das war in Ber/lin!   Ist das nicht /schön!
     Nun aber /Schluß!

31

́ *über dem Vokalbuchstaben einer Silbe:* Akzentuierung der Silbe

9   Bekómmen.   Guten Mórgen!   Wie géht es?

Obwohl beide Notierungsweisen – wie jede solcher Aufzeichnungs-formen – schematisieren und vereinfachen, sind sie für unsere Dar-stellung unentbehrlich. Allerdings darf man aus ihnen nicht mehr entnehmen wollen, als sie bieten können. Um dies noch einmal klar-zustellen, schließen wir mit einer Übung ab.

Ü 5   **Übung**

Die Äußerung „Kommst du mit oder nicht?" ist zuerst mit einer Me-lodie-Notierung und dann mit einer Tonbruch-Notierung aufge-zeichnet worden:

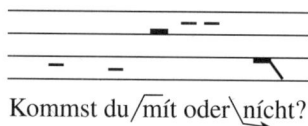

Kommst du/mít oder\nícht?

Überlegen Sie, was Sie im Höchstfall aus den beiden Notierungswei-sen erkennen können! Bestimmen Sie, welche der folgenden Aussa-gen für die genauere und welche für die weniger genaue Aufzeich-nungsform zutreffen!

1. Es wird sehr emotionalisiert gesprochen.
2. Der Sprecher ist verärgert.
3. Die Melodie steigt aus der Indifferenzlage in den oberen Sprech-bereich auf und fällt bis in die Lösungstiefe.
4. Es wird sehr laut gesprochen.
5. Es wird schnell gesprochen.
6. Das Intervall vor der ersten Akzentsilbe beträgt mehr als eine Quarte.
7. Die Wörter „mit" und „nicht" sind akzentuiert.
8. Das Intervall nach der zweiten Akzentsilbe beträgt drei Halbtöne.
9. Die zweite Akzentsilbe liegt tiefer als die erste.

Die richtige Lösung sieht folgendermaßen aus:

Lösung

zu Ü 5

Für beide Notierungsweisen trifft nur die Aussage 7 zu.

Für die detailgetreuere Aufzeichnung, die Melodie-Notierung, treffen außerdem die Aussagen 1, 3, 6 und 9 zu.

Zur Aussage 2: Wegen der Formulierung und des Anstiegs der Melodie bis in den oberen Sprechbereich kann vermutet werden, daß der Sprecher verärgert ist. Einen sicheren Beleg dafür gibt es aber in der Melodie-Notierung nicht.

Zu den Aussagen 4 und 5: In beiden Notierungen gibt es keinen direkten Hinweis auf das Sprechtempo und die Lautheit. Beide Merkmale werden bei dieser Form der Melodieaufzeichnung generell nicht berücksichtigt.

Zur Aussage 8: Auch in der Melodie-Notierung kann die Größe des Intervalls nicht bestimmt werden. Dazu steht nicht im Widerspruch, daß die Aussage 6 oben bereits als zutreffend bezeichnet worden war. Denn der Umfang des mittleren Sprechbereichs war zuvor mit einer Quarte angegeben worden, und die beiden betroffenen Silben liegen auf den Grenzlinien dieses Sprechbereichs.

Aus dieser Diskussion ergibt sich also: Sowohl die Melodie-Notierung als auch die Tonbruch-Notierung beschränken sich auf eine mehr oder weniger genaue Aufzeichnung des Melodieverlaufs. Es gibt keine direkten Hinweise auf Lautheits- und Tempoveränderungen, die ebenfalls intonatorische Mittel sind und mit der Melodisierung kombiniert werden. Demzufolge muß zunächst beschrieben werden, wie diese Kombinationen aussehen und an welchen Stellen der Äußerung sie für das Verstehen von Bedeutung sind.

2.3. Die Kombination der intonatorischen Mittel — Rhythmische Gruppen und Intonationsmuster

Die Melodisierung ist beim Sprechen ein hervorstechendes Merkmal. In Dialekten oder fremden Sprachen fallen Melodieverläufe, die für uns ungewöhnlich sind, besonders stark auf. Sie müssen im Fremdsprachenunterricht deshalb sehr intensiv geübt werden.

Die Melodisierung ist aber an die Rhythmisierung gebunden, an das Sprechen in rhythmischen Gruppen.

Rhythmische Gruppen sind Gruppen von Silben oder Wörtern, die

Rhyth-
mische
Gruppen

- beim Sprechen als Einheit hervorgebracht werden,
- durch Pausen voneinander abgegrenzt sind,
- wenigstens eine Akzentstelle haben.

Beispiele

Máhlzeit!   Guten Mórgen!   Wir fliegen um zwéi Uhr
in der Nácht.

33

In rhythmischen Gruppen gibt es zwei für das Verstehen wichtige Bereiche:
1. die Akzentstellen,
2. die jeweilige Endphase.

Intonations-muster →
Intoneme,
Prosodeme
Ohne eine ausreichende und richtige intonatorische Markierung dieser Bereiche können die Hörenden nur schwer erkennen, was mit einer Äußerung gemeint worden ist. Die Intonationsformen, die hier realisiert werden müssen, sind Kombinationen des Melodieverlaufs mit Lautheits- und Dauerveränderungen. Wir nennen sie *Intonationsmuster* (in der wissenschaftlichen Literatur auch als *Intoneme* oder *Prosodeme* bezeichnet).

Intonationsmuster für die Kennzeichnung der Akzentstellen

Diese Intonationsmuster gewährleisten, daß die Akzentstellen (genauer: die Akzentsilben) für unser Ohr aus der Silbenumgebung herausgehoben werden. Dies geschieht durch größere Lautheit, Verlangsamung des Tempos und melodischen Kontrast (steigende, fallende, steigend-fallende oder fallend-steigende Melodie). Es kommt hinzu, daß die Vokale und Konsonanten der Akzentsilben präziser als die der akzentlosen Silben artikuliert werden. Im Gegensatz zu akzentlosen Strecken im Sprechfluß wird hier artikulatorisch nur sehr selten reduziert.

2.5.
Es gibt zwei Intonationsmuster (vgl. die Tonaufnahme 2.5.):

Normale Akzentuie-rung
1. das *Intonationsmuster „Normale Akzentuierung"* mit kleinen Lautheits-, Tempo- und Melodieveränderungen

   Verwendung: für die normale Akzentuierung bei ruhigem, sachbetontem Sprechen

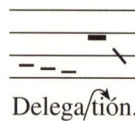

Be/zäh\len.   Delega/tión.

Emotionale Akzentuie-rung
2. das *Intonationsmuster „Emotionale Akzentuierung"* mit auffälligem großem Melodieanstieg sowie größerer Lautheits- und Tempoveränderung

   Verwendung: für die Akzentuierung bei emotionalem Sprechen, für die sehr nachdrückliche und hinweisende Akzentuierung sowie für die Akzentuierung bei Hervorhebung eines Gegensatzes

34

Ver/flúcht\noch mal!   Sie /gé\hen!

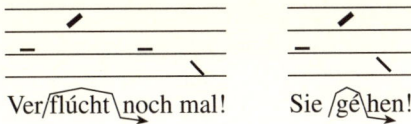

Intonationsmuster für die unterschiedliche Gestaltung der Endphasen

Diese Intonationsmuster tragen dazu bei, daß rhythmische Gruppen beim Hören

- als abgeschlossene oder nichtabgeschlossene Äußerungen,
- als Aussagen bzw. Aufforderungen oder Fragen,
- als entschiedene oder unentschlossene, freundlich-kontaktinteressierte oder sachlich-distanzbetonende Kundgaben aufgefaßt werden.

Die Endphasenintonation setzt unmittelbar vor der letzten Akzentsilbe ein und läuft bis zum Ende der rhythmischen Gruppe.

Es gibt drei Intonationsmuster (vgl. die Tonaufnahme 2.6.):

2.6.

1. das *Intonationsmuster „Fallende Endmelodie"* mit steigend-fallender oder nur fallender Sprechmelodie in der gesamten Endphase, mit Verringerung der Lautstärke und Verlangsamung des Sprechtempos nach dem Akzent
   Verwendung: für abgeschlossene Äußerungen, besonders für Aussagen und Aufforderungen, aber auch für Fragen, bei entschiedener Sprechweise und informations- bzw. distanzbetonter Haltung

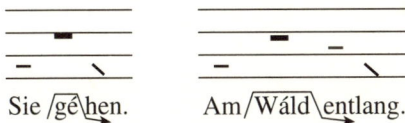

Fallende Endmelodie

Sie /gé\hen.   Am/Wáld\entlang.

2. das *Intonationsmuster „Steigende Endmelodie"* mit fallend-steigender oder steigender Sprechmelodie in der gesamten Endphase, mit Verringerung der Lautstärke und Verlangsamung des Sprechtempos nach dem Akzent
   Verwendung: für Fragen, auch für Aussagen und Aufforderungen bei freundlich-kontaktinteressierter Haltung

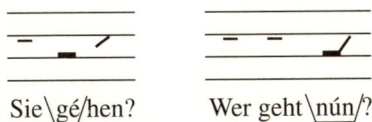

Steigende Endmelodie

Sie\gé/hen?   Wer geht\nún/?

35

3. das *Intonationsmuster „Schwebende Endmelodie"* mit mittelhoch schwebender (gleichbleibender), leicht steigender oder leicht fallender Sprechmelodie von der Akzentsilbe an, mit Verringerung der Lautstärke und Verlangsamung des Sprechtempos nach dem Akzent

Verwendung: für nichtabgeschlossene oder unentschiedene Äußerungen

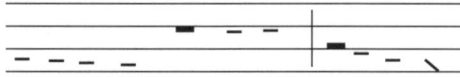

Sie gehen am/Wáld entlang, |\Pílze suchen.

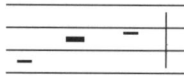

Ich wéíß nicht ...

Mit den Intonationsmustern für die Akzentuierung und die Endphasenintonation sind die den Intonationsverlauf prägenden Kombinationen der intonatorischen Mittel aufgelistet worden. Dieser Verlauf ist ein Ergebnis der Spannung in der Sprechmuskulatur, die die Sprechenden aufwenden müssen, um sich verständlich mitzuteilen. Der Intonationsverlauf in einer Äußerung wird demzufolge auch als Spannungsbogen erlebt.

Im *Spannungsbogen* der Intonation sind Melodieanstieg und Akzentuierung Spannungssteigerungen; das Fallen der Melodie bis in die Lösungstiefe und die Verringerung der Lautheit sind dagegen Spannungsminderungen. Die Akzentstellen fungieren als die Stützen dieses Bogens.

Im Spannungsbogen des ruhigen sachlichen Sprechens verringert sich die Tonhöhe der Akzentsilben nach und nach, so daß mehrere Akzentsilben in einer rhythmischen Gruppe eine fallende Treppe darstellen (vgl. die Tonaufnahme 2.7.):

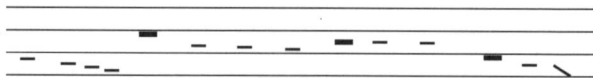

Die Delega/tión fuhr mit dem/Wágen nach\Mágdeburg.

In den akzentlosen Silben zwischen den Akzenten sinkt die Spannung kurzzeitig. Diese Silben werden folglich schneller, auch leiser gesprochen; melodisch folgen sie den Akzentsilben meist mit fallender Tendenz. Ein starker melodischer Anstieg in einer Akzentsilbe kann sich aber auch in den folgenden akzentlosen Silben fortsetzen, so daß ein starker Kontrast zur nächsten Akzentsilbe aufgebaut wird. Silben vor der ersten Akzentsilbe liegen melodisch im unteren Sprechbereich und haben wegen des Kontrasts zur Akzentsilbe fallende Tendenz (vgl. die Tonaufnahme 2.7.):

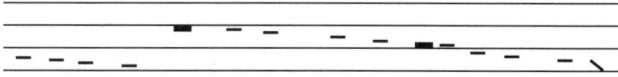

Sie gehen am/Wáld entlang, weil sie\Pílze suchen wollen.

Jede Sprache hat ihre eigenen Intonationsmuster. Sie unterscheiden sich von Sprache zu Sprache z. B. dadurch, daß besondere Melodieverläufe benutzt werden oder daß die Lautheitsveränderungen mehr oder weniger stark hervortreten. Für den Sprachunterricht ist es wichtig, daß keine isolierten Melodieverläufe geübt werden. Melodieverläufe müssen im stark rhythmisierten Sprechen angeeignet werden. Für den Erfolg sind die richtigen Kombinationen von Melodie-, Lautheits- und Tempoveränderungen ausschlaggebend. Diesen Weg versuchen wir im folgenden zu gehen.

3 Die Akzentuierung im Wort (Wortakzent)

Es gehört zum Alltagswissen, daß sich Sprachen in vielerlei Hinsicht voneinander unterscheiden. Einer dieser Unterschiede betrifft den Aufbau und die Länge der Wörter. Es gibt Sprachen, deren Wörter in der Mehrzahl einsilbig sind; dazu zählen vor allem südostasiatische Sprachen wie das Khmer und das Laotische. In den anderen Sprachen dagegen werden vorwiegend mehrsilbige Wörter verwendet; in den europäischen Sprachen beispielsweise umfassen die meisten Wörter zwei bis fünf Silben. Es ist die Regel, daß *in* solchen *mehrsilbigen Wörtern* mindestens *eine Silbe* akzentuiert wird, d. h., sie wird *besonders gekennzeichnet* und dadurch gegenüber den anderen Silben hervorgehoben – *sie trägt den Wortakzent.*

Wortakzent-silbe

Die Wortakzentuierung ist in den meisten Sprachen streng geregelt. Im Französischen etwa liegt der Wortakzent auf der letzten Silbe (Beispiele: Meyerbeer, Esther), im Polnischen auf der vorletzten Silbe (Beispiele: Kazimierz, Warszawa) und im Ungarischen auf der ersten Silbe (Beispiele: Fekete, Hüvösvölgy). Schwer zu erlernen ist die Wortakzentuierung im Russischen: Jedes Wort und jede Wortform hat eine feste Akzentstelle, die sich aber nicht durch eine allgemeine Regel bestimmen läßt. Hier kann die Akzentuierung dazu dienen, Wörter zu unterscheiden (Beispiel: zamok /Burg/ – zamok /Verschluß/).

Bedeutung der Wortak-zentuierung

Fehler in der Wortakzentuierung *erschweren das Verstehen.* Angenommen ein Franzose spricht Deutsch und akzentuiert dabei jedes Wort auf der letzten Silbe, dann ermüden seine deutschsprachigen Partner und Partnerinnen nach einer gewissen Zeit. Denn sie registrieren automatisch jeden Fehler und stellen für sich mit zusätzlichem Aufwand das korrekte Akzentmuster jedes Wortes her. Die *richtige Wortakzentuierung* ist deshalb die *Grundlage der richtigen Intonation.*

3.1. Merkmale der Wortakzentuierung im Deutschen

Die Wortakzentuierung im Deutschen ist leichter zu überschauen als im Russischen, sie ist aber nicht so einfach wie im Französischen oder Polnischen. Da im Deutschen wie in jeder anderen Sprache zahlreiche Wörter verwendet werden, die aus dem Englischen, Französischen, Griechischen usw. übernommen worden sind, ist zunächst zwischen deutschen und fremden Wörtern zu unterscheiden. Hinzu kommen die zusammengesetzten Wörter, die mit einfachen deutschen und fremden Wörtern gebildet werden können.

In deutschen Wörtern herrscht die Akzentuierung des Wortstammes vor; eine Reihe von Vor- bzw. Nachsilben kann aber den Akzent auf sich ziehen. In den fremden Wörtern wird die Akzentuierung durch die Herkunft und auch durch die Endungssilben bestimmt. Die Akzentuierung in zusammengesetzten Wörtern richtet sich nach der Art der Zusammensetzung. _{Stammbetonung}

Die Wortakzentsilben werden beim Sprechen in den einzelnen Sprachen unterschiedlich charakterisiert. Im Deutschen erfolgt die *Hervorhebung* – in der Gegenüberstellung zu den akzentlosen Silben – *durch* _{Hervorhebung von Akzentsilben}

* gesteigerte Lautheit,
* Dehnung des Vokals oder der stimmhaften Konsonanten,
* präzisere Artikulation der Laute und erhöhte Spannung der Muskulatur bei der Artikulation,
* Veränderung der Sprechmelodie.

Diese Gegenüberstellung von akzentlosen und akzentuierten Silben ist im Vergleich mit anderen Sprachen sehr deutlich. Die Sprechenden konzentrieren gleichsam ihre gesamte Energie auf die Akzentsilben. Besonders auffällig ist dies, wenn ein Wort einen Wortgruppenakzent erhält (vergleiche Kapitel 4). Dann wird dessen Wortakzentsilbe verstärkt hervorgehoben. Daneben fallen die akzentlosen Silben noch stärker ab. In ihnen besteht eine starke Tendenz zur Lautangleichung und zur Reduzierung von Lauten oder Lautmerkmalen (Beispiel: hatten wird zu hattn, haben zu ham).

3.2. Wortakzentuierung in deutschen Wörtern

Um die Akzentsilbe deutscher Wörter bestimmen zu können, muß man den Wortstamm erkennen.

Der *Wortstamm* ist der bedeutungtragende Teil des Wortes. Er ist meist einsilbig. Ihm können sich Vorsilben, Nachsilben und Endungen anschließen, so daß sich mit einem Wortstamm mehrere Wörter bilden lassen. Ein Wortstamm kann (z. B. durch Änderung des Vokals in der Stammsilbe) unterschiedliche Form annehmen (z. B. **zieh**-en, **Zuch**-t, ge-**zog**-en). _{Wortstamm}

39

Beispiele

Vorsilben	Stammsilbe	Nachsilbe / Endung	
	heil-	-en	
ge-	-heil-	-t	
zu-	-heil-	-en	
	heil-	-bar	
	heil-	-sam-	-er
	Ruhm		
	Ruhm-	-es	
	rühm-	-en	
ge-	-rühmt		
	rühm-	-lich	
Be-	-rühmt-	-heit-	-en
	klein		
	klein-	-er	
	klein-	-lich	
	Klein-	-ig-	-keit

Ü 6 Übung

Markieren Sie in den folgenden Wörtern die Stammsilbe, und bilden
Sie mit jedem Stamm mittels Vor- und Nachsilben bzw. Endungen
weitere Wörter!

be<u>bau</u>en (ver<u>bau</u>en, an<u>bau</u>en, ge<u>bau</u>t, <u>bau</u>lich ...)

schwatzhaft (...), Zersplitterung (...), Fruchtbarkeit (...), Wägelchen
(...), Verachtung (...), Gewinn (...), lebhaft (...), Verschiebung (...),
gefrieren (...), mißverstehen (...), Verwaltung (...), Fleischerei (...),
marschieren (...), Versäumnis (...), ursächlich (...)

Lösung

Lösung 6 Seite 125

Wie bereits festgestellt, gibt es in deutschen Wörtern die Stammsil-
benakzentuierung, wobei jedoch Ausnahmen zu beachten sind. Die
Stammsilben-Regel lautet:

R 1

In einfachen deutschen Wörtern wird immer die Stammsilbe bzw.
die erste Silbe des Wortstammes akzentuiert. Vor- und Nachsilben, ausgenommen miß-, un-, ur-, -ei und -ieren, sind nicht akzentuierbar.

Übung

Markieren Sie in den folgenden Wörtern die Akzentsilbe!
Sprechen Sie die Wörter mit kräftigem Wortakzent, unterstreichen
Sie dabei die Akzentsilbe mit einer energischen Handbewegung von
oben nach unten!

bek<u>o</u>mmen, L<u>a</u>ge, h<u>err</u>lich, zerf<u>a</u>llen, B<u>i</u>ldnis

3.1.

Keimling, Entnahme, Klapper, Gewerbe, beleuchten
Eigentum, Verzeichnis, scherzhaft, schuldig, Befall
heutige, verkosten, entziffern, ärmlich, Behälter
Genossenschaft, Kügelchen, Bericht, Verfall, Bildnis

Lösung 7 Seite 125

Lösung

Übung

Markieren Sie in den Wörtern der Aufgabe 6 die Akzentsilbe! Sondern Sie diejenigen Wörter aus, die nicht unter die Regel 1 fallen!
Sprechen Sie die verbleibenden Wörter mit kräftigem Wortakzent
und einer energischen Dirigierbewegung wie in der Aufgabe 7!

Lösung 8 Seite 125

Lösung

Mit den Regeln 2 bis 4 werden nun zunächst die Ausnahmen zur Regel 1 erfaßt.

In Wörtern, die mit ur-, -ei und -ieren gebildet worden sind, werden diese Silben bzw. Endungen akzentuiert.

R 2

Übung

Markieren Sie in den folgenden Wörtern die Akzentsilbe, und sprechen Sie die Wörter mit kräftigem Wortakzent und einer energischen
Dirigierbewegung!

<u>U</u>renkel, Es<u>e</u>lei, dirig<u>ie</u>ren

3.2.

Ursache, halbieren, Bummelei, Urheber, transportieren, Urteil, amtieren, Fischerei, lackieren, ursächlich, Brauerei, Urwald, urbar, Bäk-
kerei, praktizieren, Zauberei, probieren, buchstabieren, Ureinwohner, Raserei

Lösung 9 Seite 125

Lösung

In Wörtern, die mit miß- gebildet worden sind, wird diese Vorsilbe akzentuiert. In Verben ist miß- akzentlos, wenn nach der
Vorsilbe sogleich der Wortstamm folgt.

R 3

41

Ü 10 Übung

Kennzeichnen Sie die Wörter, in denen miß- nicht akzentuiert werden darf! Achten Sie dabei auf die Wortart (Substantiv, Verb, Adjektiv usw.) und auf die Stellung des Wortstammes!

3.3.

Mißbehagen, <u>mißbilligen</u>, Mißheirat, <u>mißachten</u>

Mißverständnis, mißgönnen, mißgebildet, Mißgriff
mißvergnügt, Mißernte, mißbräuchlich, (du) mißtraust (mir)
Mißbilligung, Mißgunst, mißgünstig, Mißgeburt
(er) mißbraucht (ihn), mißtönig, Mißmut, (sie) mißgönnt (ihm dies)
(sie) mißverstehen (das), mißachten, Mißkredit, mißglücken
Mißbrauch, Mißtrauen, Mißgriff, mißraten

Lösung

Lösung 10 Seite 126

Ü 11 Übung

Sprechen Sie die Wörter der Übung 10, in denen miß- zu akzentuieren ist, mit kräftigem Wortakzent und energischer Dirigierbewegung!

R 4

In Wörtern mit der Vorsilbe un- wird un- immer dann akzentuiert, wenn es ein entsprechendes Gegenstück ohne un- gibt. Ist dies nicht der Fall, kann der Akzent auf der Vorsilbe **oder** auf dem Wortstamm liegen.

Beispiel

unbetont – betont, das un- in *unbetont* wird lt. R 4 akzentuiert, **aber** in
unsäglich (es gibt kein „säglich"), *unabdingbar* (es gibt kein „abdingbar"), *unausbleiblich* (es gibt kein „ausbleiblich") oder *unbeschreiblich* (es gibt auch kein „beschreiblich") z. B. kann die Betonung sowohl auf dem Wortstamm als auch auf der Vorsilbe liegen.

Ü 12 Übung

Markieren Sie in der folgenden Liste die Wörter, zu denen es ein entsprechendes Gegenstück ohne un- gibt!

3.4.

unausstehlich, <u>Unbeweglichkeit</u>, unausweichlich, Ungetüm

Untreue, unversiegbar, Unentschlossenheit, Unvermögen, Unsinn, Unschuld, Unmensch, Ungeziefer
unaussprechlich, unabänderlich, Unreife, Unverstand, Unfriede, ungepflegt, Untat, unwirsch

42

unaufschiebbar, unverkennbar, ungekocht, Ungeheuer, ungezähmt, unhandlich, ungetreu, Unmaß

Lösung 12 Seite 126

Lösung

←

Übung

Ü 13

Sprechen Sie die Wörter der Aufgabe 12, in denen un- zu akzentuieren ist, mit kräftigem Wortakzent und energischer Dirigierbewegung!

Die letzte Regel betrifft Zusammensetzungen von Verben mit verschiedenen Konstituenten, vor allem mit den Präpositionen durch, hinter, über, um, unter, wider, dem Adverb wieder und dem Adjektiv voll. Diese Zusammensetzungen können sowohl fest als auch unfest sein, was sich bei der Beugung der Verbform zeigt. In einer Reihe von Fällen existieren feste und unfeste Zusammensetzungen nebeneinander. Sie sind meist vom Sinn her unterschieden.

Beispiele

übersetzen
1. feste Zusammensetzung: Ich übersetze den Text.
2. unfeste Zusammensetzung: Er setzt auf das andere Ufer über.

durchkreuzen
1. feste Zusammensetzung: Er durchkreuzt (verhindert) den Plan.
2. unfeste Zusammensetzung: Er kreuzt (streicht) etwas durch.

umreißen
1. feste Zusammensetzung: Er umreißt (skizziert) sein Vorhaben.
2. unfeste Zusammensetzung: Sie reißen den Zaun um.

R 5

Handelt es sich bei den Verben um unfeste Zusammensetzungen, so wird in der Zusammensetzung die erste Konstituente akzentuiert; sind es feste Zusammensetzungen, so liegt der Akzent auf der Stammsilbe des Verbs. Die Akzentuierung von Substantiven, die von solchen zusammengesetzten Verben abgeleitet werden, richtet sich meist nach der Verbform.

Hinweis für Deutschlernende:
Achten Sie bei Muttersprachlern auf die Akzentuierung solcher Wörter! Die Art der Akzentuierung sagt Ihnen, ob es sich um eine feste oder unfeste Zusammensetzung handelt.

43

Ü 14 Übung

Entwickeln Sie entsprechend dem Beispiel S.   für die folgenden Verbzusammensetzungen eine Liste, in der die festen und die unfesten Zusammensetzungen mit ihrem jeweiligen Sinn gegenübergestellt werden!

übersetzen, durchkreuzen, unterstellen, überlaufen
umfahren, überlegen, durchdringen, hintergehen
hinterbringen, umstellen, unterhalten, durchziehen
unterbinden, umbauen, untergraben, durchwühlen

Lösung

Lösung 14 Seite

Ü 15 Übung

Markieren Sie in den folgenden Wörtern die Akzentsilbe! Gehen Sie dabei von einer Beugung der Verbform aus!

3.5.

unter<u>schlag</u>en, <u>dar</u>legen, Über<u>setz</u>ung

umhüllen, umschlagen, Unterschlagung, hinterbringen
überreden, hervorbringen, nachsagen, herumsitzen
umlagern, einfüllen, mitlaufen, aufsitzen
widerlegen, überlappen, Umgebung, Unterstellung
Unterschlagung, Widerhall, Nachkommen, hinfallen
Vollendung, vollaufen, vollführen, Aufbau

Lösung

Lösung 15 Seite 127

Ü 16 Übung

Sprechen Sie die Wörter der Übungen 14 und 15 mit kräftigem Wortakzent, unterstützen Sie ihn durch eine energische Dirigierbewegung!

3.3. Wortakzentuierung in fremden Wörtern

Wie jede Kultursprache zählt auch das Deutsche eine sehr große Zahl von fremden Wörtern zu seinem Wortschatz. Der größere Teil dieser Wörter hat fachsprachlichen Charakter und gehört zum Fachwortschatz etwa der Buchdrucker, Ökonomen, Literaturwissenschaftler oder Informatiker, der andere Teil aber wird in der Alltagssprache gebraucht, ohne daß man immer spontan sagen könnte, welche Wörter dem Ursprung nach deutsch und welche dem Ursprung nach fremd sind.

Fremde Wörter sind Wörter, die aus fremden Sprachen entlehnt und noch nicht völlig eingedeutscht worden sind. Die unvollständige Eindeutschung kann deutlich werden:

- in der Schreibung, z. B. Chef, Friseur, Plateau;
- im Wortaufbau, vor allem durch das Vorhandensein von fremden Vor- oder Nachsilben und Endungen, z. B. elementar, Politik, Archivarius;
- in der phonetischen Form, einmal durch das Vorhandensein von fremden Lauten, z. B. Ingenieur, vor allem aber durch die fremde Wortakzentuierung, z. B. ökonomisch, Philosophie, Philatelie.

Zu den fremden Wörtern zählen auch

- Wörter (auch Wendungen), die ohne jede Anpassung an das Deutsche gebraucht werden, z. B. fortissimo, pars pro toto;
- Wörter, die als sogenannte Internationalismen vielen Sprachen eigen sind, z. B. Kultur, Demokratie, Armee.

Bei vielen Wörtern zeigt sich die fremde Herkunft nur noch an der „fremden" Wortakzentuierung. Diese Akzentuierung hat kein einheitliches Muster,

- weil die einzelnen Wörter zu unterschiedlichen Zeiten übernommen und demzufolge nach unterschiedlichen Gesichtspunkten „behandelt" worden sind,
- weil sie aus verschiedenen Sprachen mit jeweils eigenen Akzentregeln stammen, die bei der Anpassung zum Teil ihre Gültigkeit behalten haben,
- weil sie mit deutschen Nachsilben oder Endungen kombiniert worden sind, die die Wortakzentuierung der so gebildeten neuen Wörter entsprechend beeinfluß haben.

Wortakzentregeln können folglich nur einen – wenngleich sehr großen – Teil der fremden Wörter erfassen. Nichtberücksichtigte Wörter müssen im Zweifelsfall in einem Aussprachewörterbuch nachgeschlagen werden.

Unter den folgenden Regeln ist die Regel 6 die Hauptregel; die Regeln 7 bis 11 schränken diese Regel ein, indem sie Endungen aufzählen, die nicht akzentuierbar sind, obwohl sie nach der Hauptregel eine lange Silbe bilden.

In fremden Wörtern trägt die letzte lange Silbe den Wortakzent. **R 6** Eine Silbe gilt als lang, wenn sie auf einen langen Vokal mit der Schreibung ee, eu, eau, ou, ei, ie oder auf Vokal + Konsonant endet. Das Nebensilben-e, auch reduziertes e oder Schwalaut genannt (z. B. in Gabe, beraten), wird hierbei nicht als vollwertiger Vokal beurteilt.

Ü 17 Übung

Markieren Sie in den folgenden Wörtern die Akzentsilbe! Beachten Sie hierbei, daß das reduzierte e keine lange Silbe bilden kann! Sprechen Sie die Wörter mit kräftigem Wortakzent!

Philatel<u>ie</u>, Fam<u>i</u>lie, <u>Lo</u>tto, Char<u>ak</u>ter, Id<u>ee</u>

Manie, Klischee, Tableau, Melodie, Kommando, Genie, Belgien, Akademie, Girlande, Elan, Faktorei, Profi, Philosophie, Milieu, Organ, mondän

Lösung → Lösung 17 Seite 127

R 7

Deutsche Endungen wie -haft, -keit, -reich, -voll, -isch, -ig, -ung werden in fremden Wörtern nicht akzentuiert. (Endungen mit reduziertem e sind nach R 17 bereits ausgeschlossen.) Der Akzent liegt meist auf der letztmöglichen Silbe.

Ü 18 Übung

Markieren Sie in den folgenden Wörtern die Akzentsilbe! Sprechen Sie die Wörter mit kräftigem Wortakzent!

vok<u>a</u>lisch, mosa<u>i</u>kartig, ell<u>ip</u>senförmig, mad<u>onn</u>enhaft

respektvoll, chemisch, pyramidenförmig, pygmäenhaft, ozonreich
episodenhaft, allergisch, phrasenhaft, pietätvoll, Vagheit
pomphaft, apathisch, panikartig, charaktervoll, nuancenreich

Lösung → Lösung 18 Seite 127

R 8

In den meisten fremden Wörtern sind folgende Endungen nicht akzentuierbar:
-um,
-as, -es, -is, -os, -us,
-ax, -ex, -ix, -yx,
-ans, -asch, -yr,
-ak, -ens,
-iker

Ü 19 Übung

Markieren Sie in den folgenden Wörtern die Akzentsilbe!
Sprechen Sie die Wörter mit kräftigem Wortakzent!

46

Forum, Ilias, Korpus, Suffix, Musiker

Kadmium, Museum, Kriterium,　　　　　Helium, Medium

Ukas, Pathos, Trias, Krisis, Hades, Äneis, Chaos, Ethos, Luxus, Eukalyptus

Präfix, Index, Matrix, Thorax, Kodex, Phönix, Syntax, Latex, Onyx

Allasch, Zephyr, Porphyr, Stimulans, Gulasch

Kognak, Nonsens, Präsens, Arrak, Tabak, Tangens, Anorak, Biwak, Kajak, Solvens

Kritiker, Politiker, Dramatiker, Allergiker, Historiker

Lösung 19 Seite 127 Lösung
←

> Die Endungen -or und -ik sind nicht akzentuierbar, wenn die vorausgehende Silbe oder die dieser vorausgehenden Silbe lang ist. -or wird akzentuiert, wenn die Endung -en angeschlossen wird.

R 9

Übung **Ü 20**

Markieren Sie in den folgenden Wörtern die Akzentsilbe! Beachten Sie dabei die unterschiedlichen Bedingungen für die Akzentuierbarkeit von -or und -ik!
(Denken Sie daran, daß nach der Regel 6 eine Silbe lang ist, wenn sie auf einen langen Vokal oder auf Vokal + Konsonant endet!)

Faktor, Faktoren, Romantik, Politik

Alligator, Klassik, Lektoren, Musik, Vektor, Traktor, Inquisitoren, Direktor, Taktik, Republik, Kritik, Klassik, Alligatoren, Stilistik, Plastik

Lösung 20 Seite 127 Lösung
←

Übung **Ü 21**

Sprechen Sie die Wörter der Übung 20 mit kräftigem Wortakzent!

3.4. Wortakzentuierung in Zusammensetzungen

Im Deutschen gibt es sehr viele zusammengesetzte Wörter. Um neue Sachverhalte bezeichnen zu können, werden außerdem ständig neue Zusammensetzungen gebildet. Dabei sind deutsche und fremde Wörter gleichermaßen beteiligt.

47

Zusammensetzungen findet man vor allem bei
- Substantiven: Haustür, Rechteck, Bahnhof, Benzolflamme,
- Adjektiven: bügelfrei, dunkelblau, wärmeisolierend, nonverbal und
- Verben: festschrauben, freischaufeln, wiederkehren.

Ihre Bestandteile können außer Substantiven, Adjektiven und Verben auch Zahlwörter (**Drei**eck), Konjunktionen (**wenn**schon) oder Pronomen (**Ich**mensch) sein.

Zweigliedrige Zusammensetzungen, das heißt Zusammensetzungen aus zwei Wörtern, sind die häufigsten. Daneben gibt es dreigliedrige (Hauptbahnhof), viergliedrige (Atomwaffensperrvertrag), fünfgliedrige (Eisschnellaufweltmeister) und sogar sechsgliedrige (Kraftfahrzeughaftpflichtversicherungsteilnehmer) Zusammensetzungen.

In Zusammensetzungen behält jedes beteiligte Wort seinen Wortakzent. Einer dieser Wortakzente wird jedoch verstärkt und dadurch zum prägenden Akzent für die Zusammensetzung, während die anderen Wortakzente nur schwach angezeigt werden. Die Festlegung dieses prägenden Akzents richtet sich nach der Beziehung zwischen den Gliedern.
Es gibt zwei Arten von Zusammensetzungen:

1. Bestimmte (determinative) Zusammensetzungen

Ein Grundwort wird durch ein Bestimmungswort determiniert, d. h. näher bestimmt oder erläutert.

Beispiele

Grundwort	Bestimmungswort	Zusammensetzung
Bad	an der See	Seebad
Hitze	im August	Augusthitze
Tisch	zum Schreiben	Schreibtisch
Lampe	für den Schreibtisch	Schreibtischlampe
toll	aus Liebe	liebestoll
Anhalt	der von Zerbst aus regierte Teil Anhalts	Anhalt-Zerbst
gemalt	mit der Hand	handgemalt
Versicherungsvertrag	für die Haftpflicht	Haftpflichtversicherungsvertrag
Analyse	zur Gewinnung von Faktoren	Faktorenanalyse
Hauptarchiv	der Universität	Universitätshauptarchiv

2. Aneinanderreihende (kopulative) Zusammensetzungen

Einander gleichgeordnete Wörter werden miteinander kopuliert (aneinandergereiht).

Beispiele

1. Wort	2. Wort	Zusammensetzung
naß	und zugleich kalt	naßkalt
schwarz	und zugleich weiß	schwarzweiß
taub	und zugleich stumm	taubstumm
Hemd	und zugleich Hose	Hemdhose
ökologisch	und zugleich ökonomisch	ökologisch-ökonomisch
Halle	Wittenberg als angereihte zweite Stadt	Halle – Wittenberg

Hierunter fallen auch
• Zahlen: einhundertzwanzig (Aneinanderreihung von einhundert und zwanzig),
• Aneinanderreihungen von Vor- und Familienname als bestimmendes Glied zu einem Grundwort: Johann-Sebastian-Bach-Platz.

Die Akzentregeln bauen auf dem Unterschied zwischen diesen beiden Arten von Zusammensetzungen auf.

In bestimmten (determinativen) Zusammensetzungen liegt der prägende Wortakzent auf dem bestimmenden Glied.

R 10

Übung

Ü 22

Unterstreichen Sie in den folgenden Wörtern die Silbe mit dem prägenden Wortakzent! Kennzeichnen Sie danach alle anderen Wortakzentstellen!

Bü<u>ro</u>maschinenwerk, hell<u>blau</u>

3.6.

Seebad, Schaufensterschmuck, Berlin-Pankow, Sitzfläche, Sprachtheorie, Hauptakzentstelle, fahrtüchtig, Hessen-Darmstadt
Atomkraftwerk, Straßenbahnschienen, Vertikalebene, Immunschwächekrankheit
Elastizitätskoeffizient, Schleswig-Holstein, Organinsuffizienz, Kinderspielplatz
festkochend, tiefgekühlt, himmelblau, körperwarm

Lösung 22 Seite 127

Lösung
←

Ü 23   **Übung**

Sprechen Sie die Wörter der Übung 22 mit kräftigem Wortakzent!
Achtung, auch die Wortakzentstellen, die nicht den prägenden Wortakzent tragen, müssen schwach angezeigt werden.

R 11   In aneinanderreihenden (kopulativen) Zusammensetzungen liegt
der prägende Wortakzent auf dem letzten Glied.

Ü 24   **Übung**

Markieren Sie in den folgenden Wörtern die Silbe mit dem prägenden Wortakzent! Dabei ist zu beachten, daß in mehrgliedrigen Zusammensetzungen sowohl eine Aneinanderreihung als auch die Bestimmung eines Grundwortes möglich ist.
Kennzeichnen Sie anschließend alle anderen Wortakzentstellen!

3.7.
Nord-West-Wind, grüngelb

Kobalt-Chrom-Legierung, Schwarzweißfilm, rotgrünblind, vierund-
achtzig
Schwefel-Wasserstoff, Inhalt-Form-Beziehung, Ost-West-Gespräch,
blau-weiß
hell-dunkel, Leipzig-Halle-Airport, Goethe-Schiller-Denkmal, Al-
bert-Einstein-Straße

Lösung

Lösung 24 Seite 128

Ü 25   **Übung**

Sprechen Sie die Wörter der Übung 24 mit kräftigem Wortakzent!
Beachten Sie dabei auch die anderen Wortakzentstellen!

4 Die Akzentuierung in der Wortgruppe (Wortgruppenakzent)

Wer etwas mitteilen will, handelt, indem er sich sprecherisch äußert. Er produziert manchmal nur Laute oder Geräusche, sogenannte Interjektionen, mit denen er Empfindungen und Wertungen, aber auch Aufforderungen, Bejahungen und Verneinungen zum Ausdruck bringt. In aller Regel aber werden Wortfolgen hervorgebracht. Dabei kann es sich um korrekt gebildete Sätze handeln, möglich sind aber auch lediglich Wortreihen oder Einzelwörter, die den Erfordernissen eines Satzes nicht genügen. Diese Vielfalt der Äußerungsformen hat Ursachen, die für die Akzentuierung bedeutungsvoll sind und die wir deshalb betrachten wollen.

Beim Sprechen nach Vorlage, beim sogenannten reproduzierenden Sprechen (Vorlesen, Rezitieren usw. – genauere Erläuterungen im Abschnitt 5.1.), finden wir in der Regel grammatisch wohlgeformte Sätze, die beim Schreiben genau geplant und kontrolliert worden sind. Beim spontanen Sprechen, dem sogenannten frei produzierenden Sprechen (z. B. in einem Alltagsgespräch, bei einer Stegreifrede u. ä.), werden dagegen auch fehlerhafte Sätze hervorgebracht. Es finden sich Satzabbrüche, falsche Konstruktionen, Wiederholungen, Einschübe, Flicklaute usw., so daß es schwerfällt, von Sätzen zu sprechen. Es ist deshalb besser, allgemein den Begriff der Wortgruppe zu verwenden. In diesem Sinne beruhen die allermeisten Äußerungen auf Wortgruppen. Diese Wortgruppen können Interjektionen enthalten. Interjektionen können aber auch allein die Grundlage von Äußerungen abgeben. *Warum Wortgruppe?*

Die Intonation kennzeichnet alle Arten von Äußerungen als Einheit und gibt ihnen eine Struktur, eine innere Form. Insbesondere werden in all jenen Äußerungen, die aus Wortgruppen bestehen, wichtige Wörter durch Akzentuierung hervorgehoben. Man richtet gleichsam – wie auf der Bühne – einen starken Scheinwerfer auf „Brennpunkte" des Geschehens. Auf diese Weise wird gezeigt, was neu ist oder was ein besonderes Gewicht hat oder was der Aussage des Hörers widerspricht.

4.1. Die Mittel der Wortgruppenakzentuierung

Für die Wortgruppenakzentuierung werden nach der Beschreibung im Abschnitt 2.3. zwei Intonationsmuster verwendet,

Normale Akzentuierung

1. das Intonationsmuster *Normale Akzentuierung* mit vergleichsweise kleinen Lautheits-, Tempo- und Melodieveränderungen für die Akzentuierung bei ruhigem sachlichem Sprechen und

Emotionale Akzentuierung

2. das Intonationsmuster *Emotionale Akzentuierung* mit auffälligem großem Melodieanstieg sowie größeren Lautheits- und Tempoveränderungen für die Akzentuierung bei emotionalem Sprechen, außerdem für die sehr nachdrückliche, hinweisende und den Gegensatz betonende Akzentuierung.

Möglichkeiten der Wortgruppenakzentuierung

Erhält ein Wort einen Wortgruppenakzent, so wird dessen Wortakzentsilbe mit einem dieser beiden Intonationsmuster ausgezeichnet. Sie wird dadurch deutlich aus den benachbarten Silben herausgehoben, und zwar im einzelnen durch

- gesteigerte Lautheit,
- verlangsamtes Sprechtempo (Dehnen der langen Vokale und der dehnungsfähigen Konsonanten),
- präzise Artikulation der Laute (weitgehende Vermeidung von Lautangleichungen und anderen Reduktionen),
- Veränderung der Sprechmelodie (steigende, fallende, steigend-fallende oder fallend-steigende Melodie).

Es muß hier wiederholt werden, daß für das Deutsche eine zentralisierende Wortgruppenakzentuierung charakteristisch ist. Die Sprechenergie wird punktförmig auf die Akzentstellen konzentriert. Sie hebt die entsprechenden Silben beinahe überdeutlich von den akzentlosen Silben ab. In den akzentlosen Phrasen einer Äußerung wird dagegen auch artikulatorisch mit wenig Spannung und Präzision operiert.

Hinweis

Im Sprachunterricht ist die Aneignung der typischen Wortgruppenakzentuierung des Deutschen von besonderer Bedeutung. Sie gelingt leichter, wenn die Artikulation der fraglichen Silben mit zusätzlichen energischen Handbewegungen, einer Art Dirigieren, begleitet wird (z. B. nach unten schlagen, auf den Tisch klopfen, kräftig in die Hände klatschen).

4.2. Die Unterscheidung von Inhalts- und Formwörtern

Die Besonderheiten einer Sprache zeigen sich aber nicht nur in der Art, wie die intonatorischen Mittel verwendet werden, sondern auch in der Festlegung der Stellen für die Wortgruppenakzente. Für das Deutsche ist hierfür zuerst der Unterschied zwischen Inhaltswörtern und Formwörtern von Bedeutung.

Inhaltswörter haben eine von anderen Wörtern unabhängige Bedeutung. Sie sind für den Sprecher unerläßlich, um den Inhalt seiner Gedanken auszudrücken. Inhaltswörter

Inhaltswörter sind vor allem

Substantive (Haus, Kind, Seele),
Verben (laufen, bleiben, einschlafen),
Adjektive (schön, schwarz, fertig),
Adverbien (rechts, bald, vergebens).

Formwörter werden Inhaltswörtern zugefügt und sind meist erst dadurch bedeutsam. Sie kennzeichnen insbesondere die Beziehungen zwischen den Inhaltswörtern (Charakterisierung als Subjekt oder Objekt, Beziehungen zwischen den Satzgliedern, räumliche oder zeitliche Anordnungen usw.) und gehören folglich zur Form des Satzes. Formwörter

Formwörter sind vor allem

Artikel (der, die, das, ein),
Präpositionen (durch, nach, ab),
Konjunktionen (und, aber, weil),
Hilfsverben (haben, sein) bzw. modifizierende Verben (dürfen, können, mögen, müssen, wollen, sollen), wenn sie mit einem Vollverb verbunden sind.

Der Unterschied zwischen Inhalts- und Formwörtern zeigt sich am besten beim Abfassen eines Telegramms: Die meisten Formwörter können wegfallen, die Inhaltswörter müssen dagegen in der Regel erhalten bleiben.

Beispiel

(Die) Mutter (ist) erkrankt. (Sie liegt) seit Montag (im) Barbara-Krankenhaus (auf der) Station 4 (und) wird (dort) untersucht. (Ich) brauche Hilfe, (denn ich) fahre (am) Montag (nach) Köln, (um zur) Universität (zu gehen.)

53

Ü 26 Übung

Markieren Sie die Inhaltswörter!

Die <u>U-Bahn</u> <u>verbindet</u> das <u>Stadtzentrum</u> mit den <u>Vororten</u>.
Am Abend.
Für eine gute Sache.
Der Film beginnt erst nach acht.
Müllers sind gestern mit dem Auto an die See gefahren.
Am Brunnen vor dem Tore.
Der Markt hat kein Gewissen.
Erst besinn's, dann beginn's.
Ein alter Kater leckt auch noch gern Milch.
Man kann nicht Speck haben und das Schwein behalten.
Fleiß ist des Glückes rechte Hand, Mäßigkeit die linke.

Lösung
→

Lösung 26 Seite 128

Da die Akzentuierung das jeweils Wichtige in einer Äußerung hervorheben soll, besteht verständlicherweise die Tendenz, Wortgruppenakzente zuerst auf Inhaltswörter, also auf Substantive, Verben, Adjektive und Adverbien zu legen. Dieser Zusammenhang zwischen der Akzentuierung und bestimmten Wortarten ist aber kein durchgängiges Prinzip. Für einige Wortarten, z. B. die Pronomen, die Interjektionen und eine Gruppe von nichtflektierbaren Wörtern, mit denen die Äußerung bewertet oder der Realitätsgrad von Sachverhalten charakterisiert werden kann, besteht er nicht oder nur bedingt:

- Die *Pronomen* sind zwar Formwörter, aber dennoch werden einige Arten von ihnen häufiger akzentuiert.
- Die *Interjektionen* sind Lautäußerungen, die nicht so recht in das Schema der Wortarten passen. Manche sind allgemein gebräuchlich und werden selbst in der „schönen Literatur" verwendet. Es kann aber auch jedermann für sich oder aus dem Augenblick heraus Interjektionen „erfinden". Man hat sich deshalb gefragt, ob sie überhaupt zum Wortbestand der deutschen Sprache zählen. Da sie vor allem für das frei produzierende Sprechen in mehrfacher Hinsicht bedeutsam sind, können wir sie jedoch nicht vernachlässigen. Obwohl Interjektionen begrifflich unscharf sind und für sie kein bestimmter Inhalt angegeben werden muß, sind sie fast immer akzentuiert.
- Die Gruppe der *nichtflektierbaren Wörter* wird vor allem zum Bewerten von Äußerungen benutzt; sie besteht nicht nur aus einer Wortart. Diese Wörter sind zwar in ihrer Bedeutung vom Kontext abhängig, aber ihrer Funktion und inhaltlichen Bedeutung wegen tragen sie vielfach Akzente.

54

Um zwischen Inhalts- und Formwörtern genau unterscheiden zu können, müssen diese drei Wortgruppen folglich gesondert betrachtet werden.

Pronomen

Die Pronomen sind eine sehr umfangreiche und in sich stark gegliederte Wortart. Dem Wortsinn nach (Pro-Nomen) stehen sie als sogenannte Fürwörter für ein Substantiv, sie können es aber auch begleiten. Wir unterscheiden sieben Gruppen von Pronomen. Hier sollen zunächst nur jene vier Gruppen behandelt werden, deren Vertreter häufiger akzentuiert werden (zur Akzentlosigkeit bei den Pronomen vergleiche Abschnitt 5.2.1.). Es sind dies:

Inhaltswort oder Formwort?

1. Die *Possessivpronomen* (besitzanzeigende Fürwörter), zu denen Wörter wie mein, dein, sein, unser, euer, ihr gehören, müssen dekliniert und dem dazugehörigen Substantiv angepaßt werden. Sie werden bei substantivierter Verwendung und als Beifügungen zu ausgefallenen Substantiven vielfach akzentuiert. In sogenannten Beifügungsgruppen (dein Buch, seine Tasche – vergleiche Abschnitt 4.4.) tragen sie neben dem Substantiv nur dann einen Akzent, wenn sehr nachdrücklich gesprochen oder ein Gegensatz betont bzw. auf etwas hingewiesen werden soll:

Possessivpronomen: Akzent möglich

   Beispiele

   Er verwechselt *mein* und *dein*.
   Er zieht zu den *Seinen*.
   Behalte du das *Deine*.
   Wir müssen sparsam sein; das ist doch *unser* Vermögen!
   Der Umschlag? Das ist *meiner*.
   Wir werden *Ihre* Rechte wahren.
   Er legte *seine* Bücher neben *meine*.

4.1.

2. Die *Demonstrativpronomen* (hinweisende Fürwörter), zu denen Wörter wie dieser, jener, derjenige, derselbe, solcher, der (im Sinne von derjenige) gehören, müssen dekliniert und dem Substantiv angepaßt werden. Auch sie können für ein Substantiv oder bei einem Substantiv stehen. Sie dienen als Mittel, um gleichsam mit dem Zeigefinger auf etwas hinzuweisen. Wegen dieses stark hinweisenden Charakters werden sie fast durchweg akzentuiert. Stehen die Pronomen dieser, jener, solcher in Beifügungsgruppen (vor allem in Gruppen von mehreren Beifügungen, z. B. diese hervorragende Arbeit, ein solch eindrucksvolles Spiel) anstelle eines Artikels vor dem betreffenden Substantiv, ist ihr demonstrativer Charakter stark abgeschwächt, eine Akzentuierung entfällt (vergleiche Abschnitt 4.5.1.):

Demonstrativpronomen: meistens akzentuiert

Beispiele

4.2.

Für mich ist *der* schuld, dem ich nicht glauben kann.
Hast du *diesem* Kerl gehofen? – *Dem* werde ich doch nicht helfen.
Dies ist mein Haus, *jenes* dort gehört Thomas.
Wir sprachen über *dieses* und *jenes.*
Du bist also *derjenige,* der mir geholfen hat.
Man liest *diejenige* Veröffentlichung, die am aktuellsten ist.
Beide besuchten heute *dieselbe* Ausstellung.
Einem *solchen* Experten kann man vertrauen.

**selbst /
selber:
immer
akzentuiert**

Hierzu gehören auch die nicht zu verändernden Pronomen selbst und selber, die immer akzentuiert werden; denn sie schließen mit Nachdruck alles aus, was nicht mit dem Bezugswort gemeint ist – gleichgültig, ob sie zu einem Substantiv oder einem Pronomen gestellt werden.

Beispiele

4.3.

Hilf dir *selbst,* so hilft dir Gott.
Du vertraust ihm, ich *selbst* aber habe Zweifel.
Jeder ist sich *selbst* der Nächste.
Das wollt ihr doch *selber* nicht!
Der Fahrer *selbst* hatte keine Schuld.

**Indefinit-
pronomen:
Akzentuie-
rung mög-
lich**

3. Die *Indefinitpronomen* (unbestimmte Fürwörter), zu denen Wörter wie all, ein bißchen, ein wenig, einige, etliche, etwas, jeder, jemand, niemand, jedermann, kein, man, manches, nichts gehören, werden ebenfalls als Stellvertreter von Substantiven und zum Teil als deren Begleiter verwendet. Die Mehrzahl von ihnen muß dekliniert und somit dem Substantiv angepaßt werden. Bei substantivierter Verwendung und als Beifügungen zu ausgefallenen Substantiven werden sie mit Ausnahme des Pronomens man vielfach akzentuiert. In Beifügungsgruppen (ein bißchen Spaß, einige Kinder) tragen sie neben dem Substantiv nur dann einen Akzent, wenn sehr nachdrücklich gesprochen oder ein Gegensatz betont bzw. auf etwas hingewiesen werden soll (vergleiche Abschnitt 5.2.1.):

Beispiele

4.4.

Wieviel Pfeffer muß ich nehmen? – Nur ein *bißchen.*
Waren viele Besucher in der Ausstellung? – Es waren *etliche.*
Es gibt *manches,* das zu besprechen ist.
Immerhin stimmten *einige* Abgeordnete dagegen.
Hier geht es um *Alles* oder *Nichts.*
Ein kleines *Etwas* ist besser als ein großes *Garnichts.*

4. *Personalpronomen* (persönliche F.) und *Interrogativpronomen* (Fragefürwörter) werden im Normalfall nur unter bestimmten Bedingungen akzentuiert. Für Personalpronomen (ich, du, er usw.) gilt dies, wenn sie dekliniert an der Spitze des Satzes oder der Äußerung stehen. Diese Spitzenstellung wird auch als Ausdrucksstellung bezeichnet. Wörter, die in diese Stellung gerückt und akzentuiert werden, haben ein besonderes Informationsgewicht.

Personal- u. Interrogativpronomen: Akzentuierung unter Sonderbedingungen

Beispiele

Ihnen wollen wir vertrauen!
Dich kenne ich!
Seiner kannst du gewiß sein!
Ihretwegen muß ich gehen!

4.5.

Zu den *Interrogativpronomen* gehören Wörter wie wer, was, welcher. Zusammen mit den Fragewörtern wie, wo, wann, wohin, wozu, wie lange, weshalb, warum, wieso usw. eröffnen sie die sogenannten W-Fragen (Fragen mit Fragewort auf w). In Nachfragen werden diese W-Wörter, die ja der normalen Wortstellung nach in der Spitzenstellung stehen, besonders akzentuiert.

Beispiele

Ich komme um acht. – Ich verstehe schlecht: *Wann* kommst du?
Hier ist Müller! – Kenne ich nicht. *Wer* ist dort?
Ich bleibe zwei Stunden. – Sag das noch mal: *Wie lange* bleibst du?
Ich bekomme noch zehn Mark. – *Wieviel* bekommen Sie?
Hör mir endlich zu: Die Kinder haben die Schule geschwänzt. – *Was* ist los?

4.6.

Da akzentlose Pronomen wie andere akzentlose Wörter auch beim Sprechen um Akzentstellen herum gruppiert werden, müssen die hier behandelten Pronomen im Zusammenhang mit der Gliederung und Rhythmisierung noch einmal besprochen werden. An dieser Stelle (s. Abschnitt 5.2.1.) werden auch die restlichen Pronomen beschrieben.

Interjektionen

Zu den Interjektionen, auch Ausrufe- oder Empfindungswörter genannt, gehören Bildungen wie pfui, aua, hoho, pst usw. Sie werden nicht verändert und nur selten als Satzglied in einem Satz gebraucht. Sie stehen also isoliert und können daher als eigenständige Äußerung, als selbständiger Satz oder als Teilsatz auftreten. Infolgedessen werden sie immer akzentuiert.

Interjektionen: immer akzentuiert

57

Beispiele

Ah, wie schön ist das.
Hü, Schimmel, *hü!*
Ätsch, das hast du nun davon.
Sie rief: *„Putt, putt",* und die Hühner kamen.
O je, was hast du da nur wieder angestellt!
Ich sage nur: *„Pfui!"*
Alle nach meinem Kommando: *„Hau ruck!"*
Mit einem lauten *Flup* rutschte der Korken aus der Flasche.
Schon hörte man das *Tuck-tuck-tuck* des Bootes.

Interjektionen werden in geschriebenen Texten nur selten verwendet. Sie spielen daher für das reproduzierende Sprechen (Vorlesen, Rezitieren usw.) keine große Rolle. Beim frei produzierenden Sprechen aber, vor allem beim Gespräch, sind sie nicht wegzudenken. Sie ermöglichen es den Sprechenden, ohne lange Beschreibungen ihre Empfindungen auszudrücken oder mit Klangnachahmungen Gegenstände oder Vorgänge zu charakterisieren. Außerdem kann mit ihnen z. B. angezeigt werden, ob man weitersprechen oder aufhören will. Dies alles macht es erforderlich, die Interjektionen, die als permanente Akzentstellen die Gliederung und Rhythmisierung beeinflussen, im Abschnitt 5.3. – Rhythmische Gruppen beim frei produzierenden Sprechen – ausführlicher zu behandeln.

Unflektierte Wörter, mit denen Bewertungen ausgedrückt werden

Diese Gruppe kann dreifach untergliedert werden:

Antworten auf Ja-/Nein-Fragen, immer akzentuiert

1. Wörter, die als Antworten auf Ja-/Nein-Fragen verwendet werden, damit als selbständige Äußerungen auftreten und folglich immer akzentuiert sind. Hierzu zählen anscheinend, beinahe, einigermaßen, größtenteils, halbwegs, hoffentlich, keineswegs, leider, mitnichten, möglicherweise, teilweise, vielleicht, zweifellos; ferner Wortgruppen oder Sätze wie mit Sicherheit, ohne Frage, wie ich hoffe, wie sich leicht nachweisen läßt:

Beispiele

4.7.

Seid ihr gut gefahren? – *Hálbwegs.*
Hast du dich verbrannt? – *Léider.*
Kann er für mich einkaufen? – *Sícherlich.*
Állerdings kann ich nicht bleiben.
Das werde ich *kéinesfalls* vergessen.
Das war *schwérlich* vorauszusagen.
Damit ist nun, wie ich *hóffe,* der Konflikt gelöst.

58

2. Wörter, mit denen die Einstellung des Sprechenden zum bespro- chenen Sachverhalt besonders deutlich zum Ausdruck gebracht wird. Es besteht daher eine starke Tendenz zur Akzentuierung. Hierzu zählen bedauerlicherweise, begreiflicherweise, erstaunli- cherweise, glücklicherweise, unglücklicherweise, gottlob, höch- stens, mindestens, überhaupt, womöglich; ferner Wortgruppen wie an sich, im Grunde:

Einstellung zum Sach- verhalt, Tendenz zur Akzentuie- rung

Beispiele

Ich kann Ihnen *bedáuerlicherweise* nicht helfen.
Du hättest *míndestens* anrufen sollen.
Ich glaube ihm *überháupt* nichts mehr.
Eígentlich wärst du jetzt dran.
Schätzungsweise braucht er zwei Stunden.
Wenn du *wénigstens* Geld mitgebracht hättest.
Er ist an *sích* mein Freund.

4.8.

3. Wörter, mit denen der Grad einer Eigenschaft des folgenden Ele- ments ausgedrückt wird (z. B. nahezu). Vor allem aber stellen sie eine Beziehung zwischen gleichartigen Elementen her (z. B. beson- ders) oder zeigen an, in welchem Maße etwas erwartet werden kann (z. B. sogar). Der inhaltlichen Bedeutung wegen ziehen auch diese Wörter oft den Akzent auf sich. Zu ihnen zählen u. a. allein, besonders, gerade, geradezu, höchst, immer, lediglich, nahezu, überhaus, weitaus, zumal; ferner Wortgruppen wie einzig und al- lein, nicht einmal:

Grad einer Eigenschaft wird ausge- drückt, meist akzen- tuiert

Beispiele

Er ist *eínzig* und allein an dieser Aufgabe gescheitert.
Er hat sich *nícht* einmal verabschiedet.
Das ist *besónders* ungeschickt gewesen.
Das ist mir *überaus* peinlich.
Es fehlten *lédiglich* drei Tage.
Fritz rechnet *wéitaus* besser als Hans.

4.9.

Die Gegenüberstellung von Inhaltswörtern (Substantiven, Verben, Adjektiven, Adverbien) und Formwörtern (Artikeln, Präpositionen, Konjunktionen, Hilfsverben bzw. modifizierenden Verben in Verbin- dung mit einem Vollverb) sowie die ergänzende Betrachtung proble- matischer Wortarten erlaubt nun die Aufstellung einer Grundregel. Diese *Regel* gilt *für allein stehende, ruhig gesprochene Sätze.* Sie wird durchbrochen, wenn mit einem Formwort beispielsweise ein Gegen- satz ausgedrückt oder auf etwas hingewiesen werden soll. Das ist je- doch nicht der unserer Regel zugrunde liegende Normalfall.

R 12

Im Normalfall liegen Wortgruppenakzente auf Inhaltswörtern, nicht auf Formwörtern. Zu den Inhaltswörtern zählen auch Pronomen, die als Substantive oder Beifügungen verwendet werden, Interjektionen und Wörter, die sachverhaltsbezogene Einstellungen ausdrücken. Akzentuiert werden außerdem Interrogativpronomen bzw. Fragewörtern in der Nachfrage sowie Personalpronomen, die dekliniert an der Spitze des Satzes stehen.

Ü 27 **Übung**

Bestimmen Sie in den Inhaltswörtern der Übung 26 die Wortakzentsilben!

Am Abend.
Für eine gute Sache.

Lösung 27 Seite 128

Ü 28 **Übung**

Bestimmen Sie die Inhaltswörter, und unterstreichen Sie deren Wortakzentsilben!

4.10.

Ein guter Name ist besser als Bargeld.

Geteilte Freude ist doppelte Freude.

Auf der Straße.
Wie schön für dich!
Wie geht es Ihnen?
Was machen Sie da?
Wir sehen uns später noch.
O weh, zwei Männer und ein Baby!
Wer gibt, schweige; wer empfängt, rede!
Wie die Eltern, so die Kinder.
Ein schönes Gesicht ist die beste Empfehlung.
Man muß das Eisen schmieden, solange es heiß ist.
Er ist mein ein und alles.
Es ist jenes Bild, das mich verfolgt.

Lösung
→

Lösung 28 Seite 128

Ü 29 **Übung**

Bestimmen Sie in den Beispielsätzen, die zu den Pronomen, Interjektionen und unflektierten wertenden Wörtern gegeben worden sind (s. S. 53, 54, 55, 56, 57 und 58), alle Inhaltswörter, deren Wortakzentsilben, und setzen Sie den Wortakzent!

60

Er verwéchselt méin und déin.

Er zíeht zu den Séinen.

Lösung 29 Seite 129! Angeführt werden nur die letzten drei Äußerun- Lösung
gen aus jeder Beispielgruppe.

4.3. Die Akzentuierung bei Ergänzungen zu Verben

Nach R 12 liegen Wortgruppenakzente normalerweise nur auf Inhaltswörtern. Das bedeutet jedoch nicht, daß Inhaltswörter in jedem
Fall durch einen Akzent hervorgehoben werden müssen, denn –
wenn alles gleich wichtig ist, ist nichts mehr wichtig. Außerdem
würde das Sprechen unnatürlich und schwerfällig ausfallen. Aus diesem Grunde müssen Akzente „eingespart" werden. Das kann allerdings nicht regellos erfolgen. Für das Verstehen einer Äußerung ist
es erforderlich, daß das Neue, die eigentliche Information, durch Akzent angezeigt wird. Das trifft vor allem auf Inhaltswörter zu, die als
Ergänzungen zu Verben treten. Neben solchen Ergänzungen hat das
Verb meist einen geringen Informationswert. Daraus ergibt sich:

Ergänzungen zu einem Verb werden durch Wortgruppenakzent hervorgehoben; auf dem Verb kann der Akzent fehlen.

R 13

Beispiele

Ein Háus kaufen.
Wir gehen ins Theáter.
Er handelt schnéll und entschlóssen.
Die Vorstellung findet náchmittags statt.

Übung

Ü 30

Bestimmen Sie die Ergänzungen zu den Verben, unterstreichen Sie
die durch Wortgruppenakzentuierung hervorzuhebenden Silben, und
setzen Sie dann beim Sprechen kräftige Akzente!

Ans Schwarze Méer fahren.

Er fuhr zu schnéll.

4.11.

Nimm deine Tasche mit!
Ich möchte einen Anzug kaufen.
Sie schlugen ihre Feinde in die Flucht.

Der Brief wird durch einen Boten geschickt.
Der Lehrer mußte schnell die Hefte durchsehen.
Ein Kunde will genau Bescheid wissen.
Allzu keck liegt bald im Dreck.
Es sieht niemand gern in einen Essigtopf.
Ein Narr sagt lachend die Wahrheit.
Niemand ist durch Betrug glücklich geworden.

Lösung

Lösung 30 Seite 129

4.4. Die Akzentuierung bei Beifügungen

Beifügungen werden sehr häufig verwendet und treten in den vielfältigsten Formen auf. Sie treten als nähere Bestimmungen zu

- *Substantiven,* z. B. ein Hut (ein schöner Hut, der Hut meines Vaters, drei Hüte, ein mit einem Gamsbart geschmückter Hut, der Hut in der Garderobe, der Hut dort rechts; sein Hut, ein sehr modisches Stück …),
- *Adjektiven,* z. B. schön (sehr schön, am wenigsten schön, auf wunderbare Weise schön, schöner als ihre Freundin, wie Elsa so schön),
- *Adverbien,* z. B. weit (sehr weit, weit von hier, ganz weit, unermeß·lich weit, weiter als drei Tagereisen).

Auch in Wortgruppen, zu denen solche Beifügungen gehören, muß nicht jedes Inhaltswort hervorgehoben werden. Da die jeweilige Beifügung das Neue, die spezifizierende Information ist, müßten auf den Inhaltswörtern der Beifügungen jedoch immer Wortgruppenakzente liegen. Allerdings sind die Akzentuierungsgewohnheiten in diesem besonderen Fall anders. Das beschreibt die folgende Regel.

R 14

In Wortgruppen mit Beifügungen trägt das letzte Inhaltswort einen Akzent. Oft werden auch weitere Inhaltswörter akzentuiert.

Beispiele

Ich bin sehr müde.
Dies war ein überaus únglückliches Zusámmentreffen.
Das Schloß liegt noch sehr weit.
Er trägt meines Freundes Kóffer.
Englands Königin besuchte die Dresdner Sémperoper.

Bestimmen Sie die Wortgruppen mit Beifügungen, und legen Sie fest, welche Inhaltswörter einen Akzent tragen müssen (und zusätzlich tragen sollen)! Sprechen Sie dann mit kräftigen Akzenten!

Ich sah ein schönes Mädchen.

Der Garten des Nachbarn war groß.

4.12.

Sie hatte Haare wie Gold.
Er war ein Meister seines Faches.
Das Jahr von Bismarcks Tod.
Ihm dankten alle Mitglieder der Gruppe.
Ein Artikel über den Rücktritt des Ministers.
Karl IV., deutscher König und Kaiser, förderte vor allem sein Erbland Böhmen.
Er besuchte die älteste seiner Schwestern.
Es besteht die Pflicht zur Meldung von Berufskrankheiten.
Mir gefällt das Bild dort an der Wand rechts am besten.
Schweigen wirkt mehr als alles Schelten.
Kleine Städte haben oft große Propheten.

Lösung 31 Seite 130

Lösung

4.5. Die Abhängigkeit der Akzentuierung von Situation und Text

Die bisher beschriebene Wortgruppenakzentuierung mit den Regeln R 12 bis R 14 gilt

- für allein stehende Äußerungen, die keinen Gegensatz zur Situation ausdrücken,
- für Äußerungen, die am Beginn eines Textes stehen,
- für ruhig und sachlich gesprochene Äußerungen.

In großer Erregung achtet niemand auf seine Akzentuierung. Die sprecherischen Mittel, mit denen in einem solchen Zustand die Akzente angezeigt werden, entsprechen oft nicht dem Aussprachestandard. So kann es geschehen, daß Wörter und Silben akzentuiert werden, die im Normalfall niemals einen Akzent tragen. Solche Abweichungen von der üblichen Akzentuierung werden geradezu als ein Symptom für den Grad der Erregung bewertet. Fälle dieser Art müssen hier also nicht besprochen werden. Anders verhält es sich dagegen mit Äußerungen, bei denen es auf Grund von Abhängigkeiten zu einer demonstrativen oder kontrastiven Akzentuierung einerseits oder zu textbedingten Veränderungen der Wortgruppenakzentuierung andererseits kommt.

4.5.1. Demonstrativ- und Kontrastakzentuierung

Die Akzentuierung in einer Äußerung kann nicht immer nur aus dieser selbst heraus (z. B. aus der Verwendung von Inhaltswörtern, Verbzusätzen oder Beifügungen) erklärt werden. Einleitend wurde gesagt, daß die Wortgruppenakzentuierung dazu dient, das jeweils Wichtige anzuzeigen. In umfassenderem Sinne läßt sich feststellen, daß sie dem Sprecher hilft, seine Absichten kundzutun. In vielen Situationen kann er sie verwenden, um auf etwas hinzuweisen (Demonstrativakzent) oder um auf einen Gegensatz aufmerksam zu machen (Kontrastakzent). Er erspart sich damit unter Umständen lange Ausführungen. Vorauszusetzen ist allerdings, daß die Bedingungen der fraglichen Situation allen Beteiligten bekannt sind.

Demonstrativakzent / Kontrastakzent

R 15

Entgegen R 12 kann ein Demonstrativakzent (mit hinweisender Funktion) oder ein Kontrastakzent (mit Betonung des Gegensatzes) auch auf einem Formwort liegen. Die Akzentstelle kann abweichend von R 13 und R 14 festgelegt werden.

Hinweis

Im Gegensatz nur normalen Akzentuierung muß bei diesen Akzenten das Intonationsmuster *Emotionale Akzentuierung* verwendet werden. Demonstrativ- und Kontrastakzente werden also in der Regel mit sehr auffälligen starken Mitteln, insbesondere mit deutlichem Melodieanstieg, charakterisiert. Hieraus ergibt sich die Tendenz, neben einem Demonstrativ- bzw. Kontrastakzent keine oder nur sehr wenige andere Akzente zu verwenden.

Beispiele

(aus Verkaufsgesprächen)

Diesen Kohlkopf bitte!
Ich möchte eine Karte nach Frankfurt/Óder, nicht nach Frankfurt/Main!
Geben Sie mir bitte róte Rosen!
Ich möchte aber Vóllkornbrot haben!
Wann bekommen Sie denn éinfache Tapeten, óhne auffälliges Muster?
Der Parkplatz ist hínter dem Supermarkt.

Übung   32

Bestimmen Sie, wo ein Demonstrativ- bzw. Kontrastakzent zu setzen
ist, und unterstreichen Sie die hervorzuhebenden Silben. Sprechen
Sie dann die jeweiligen Akzentstellen mit verstärktem Nachdruck!
Legen Sie weitere mögliche Akzente fest!

Kommt híerher!

Wir fahren am Sónntag nach Köln!   4.13.

Der da ist der Dieb!
Ich nehme von diesem Honig.
Alle wichtigen Gespräche fanden nach der Sitzung statt.
Bei alten Münzen zweifelt niemand.
Frühes Obst verwelkt bald – spätes Obst liegt lange.
Ein weiser Mann lächelt, ein Narr lacht.
Ich folge dem, der mir vertrauenswürdig erscheint.
Alte Kutscher knallen gern.
Mit vielem hält man haus, mit wenigem kommt man aus.
Die besten Kirschen fressen die Vögel.
Auch ein kleines Licht sieht man weit in der Nacht.

Lösung 32 Seite 130   Lösung

4.5.2. Textbedingte Veränderungen der Wortgruppen-
akzentuierung

Äußerungen bzw. Sätze sind oft Teil eines Textes. Dann sind sie in
dessen Gesamtaussage eingebunden. Sie führen zuvor Geäußertes
fort und bereiten nicht selten das Folgende vor. Das gleiche gilt für
Äußerungen in einem Gespräch. Auch hier muß das aufgenommen
und weitergeführt werden, was die Partner und Partnerinnen gerade
gesagt haben. Diese Beziehungen nach „hinten" und nach „vorn" beeinflussen auch die Akzentuierung. Dabei kann es entweder zu einer
Verlegung der Akzentstelle kommen, oder aber die sprecherische
Realisierung der Akzente wird verändert. Hier ist vor allem auf zwei
Fälle hinzuweisen:

• Die in 4.1. besprochene Demonstrativ- und Kontrastakzentuierung wird auch im Text häufig angewendet. Dabei muß nicht immer ein direkter Gegensatz vorliegen, oft ist bei der Informations-
  vermittlung nur ein neuer Schritt in die gleiche Richtung getan
  worden.
• Wortgruppenakzente haben die neue Information als wichtig hervor. Ist etwas bereits besprochen worden, war es also schon ein   65

Thema der vorausgegangenen Äußerung, so ist es nicht mehr neu. Inhaltswörter, die auf diesem Wege „thematisiert" wurden, tragen normalerweise keinen Akzent mehr.

Durch den Textzusammenhang können folglich die Regeln R 12 bis R 14 teilweise aufgehoben werden. Es ergibt sich folgende Regel:

R 16

Die inhaltlichen Beziehungen einer Äußerung bzw. eines Satzes im Text können zur Folge haben, daß die mit den Regeln R 12 bis R 14 beschriebene Wortgruppenakzentuierung modifiziert wird. Durch Thematisierung werden Akzentstellen aufgehoben, durch Demonstrativ- bzw. Kontrastakzent werden neue Akzentstellen geschaffen oder diejenigen verstärkt, die durch die Regeln bestimmt werden.

Beispiele

… So geht's, wenn Erich daheim ist. Er ist nicht oft daheim. Er hat immer Beratungen. Mit dem Lehrer zum Beispiel. Der ist unzufrieden …

… Der Vater sitzt immer im Arbeitszimmer und liest. Helga ist böse auf den Vater. Warum kommt er nicht heraus aus dem Zimmer und spielt mit ihr. Sie beschließt, sich einen neuen Vater zu suchen …

A: Kannst du dir einen Bart wachsen lassen?
B (entsetzt): Einen Bart?
A: Ja, einen richtigen englischen Bart, kein Bärtchen!

Ü 33   **Übung**

Legen Sie die möglichen Akzentstellen fest! Überlegen Sie, weshalb Sie so und nicht anders akzentuieren wollen und begründen Sie Ihre Entscheidung!
Sprechen Sie dann die jeweiligen Akzentstellen mit verstärktem Nachdruck!

4.14.

Es war einmal ein Förster, der ging in den verbotenen (1) Wald auf die Jagd. Und wie er in den Wald kam (2), hörte er schreien. Er ging dem Schreien nach (3) und kam zu einem Baum.

(1) Akzent auf *verbotenen*, weil durch Kontrast- oder Demonstrativakzent die Atmosphäre des Märchens vorbereitet werden muß;

(2) Akzent auf *kam,* weil Wald bereits thematisiert ist;

(3) Akzent auf *nach,* weil Schreien bereits thematisiert ist.

Die Enten waren weg. Helga lauschte. Fern in der Bucht quarrten Enten. Sie rannte zur Bucht. Dort flogen Wildenten hoch ...

A: Ich möchte eine Jacke kaufen.

B: Welche bitte?

A: Die da. Hält die warm?

B: Ja, die ist besonders gut gefüttert.

A: Was soll sie denn kosten?

B: Hundertzwanzig.

A: Zu teuer; außerdem ist sie zu schwer. Haben Sie nicht eine leichtere Jacke?

Seht den Kapitän. Wenn keiner steht, der steht – wie ein Fels. Wie stark ist der Fels?

Unruhe in der Liebe ist keineswegs das Wesen der Liebe, Unruhe ist etwas, was gar nicht zu ihr gehört; die Liebe ist fröhlich und sorglos. (Tschernyschewski)

Lösung 33 Seite 130

Lösung
⟵▬▬▬

5 Gliederung und Rhythmisierung

Alle Beobachtungen und Untersuchungen zeigen dasselbe: Das Verstehen sprachlicher Äußerungen hängt in hohem Maße von deren Gliederung ab. Geschriebenes muß durch Satzzeichen, Gesprochenes durch Pausen in „überschaubare" Portionen zerlegt werden. Ist die Gliederung für die Hörenden ungünstig, wird das Verstehen erschwert, und die Aufmerksamkeit erlischt schnell. Die Frage ist deshalb, welche Gliederung ist optimal, was beeinflußt sie, und nach welchen Regeln wird sie realisiert?

5.1. Bestimmung von Gliederung und Rhythmisierung — Besonderheiten im Deutschen

Gliederung

Gliederung ist die Zerlegung einer Wortfolge durch Pausen in sinnvolle, inhaltlich bestimmte Einheiten (Wortgruppen). Sie ist ein wichtiges Mittel zur Strukturierung von Texten.

Die Gliederung des Sprechens durch Pausen wird zunächst einmal vom Sprechmechanismus erzwungen. Da die Bildung von Lauten nicht ohne Atemluft möglich ist, muß der Strom des Sprechens in kurzen Abständen immer wieder für die Einatmung unterbrochen werden. Wer wegen starker Erregung oder Lampenfieber falsche Atempausen macht, merkt sehr schnell, daß er nicht richtig sprechen kann, weil ihm die Luft fehlt. Aber nicht alle Pausen sind Atempausen. Die Gliederung ist ein Lebensprinzip. Unser Nervensystem verfügt über einen Taktgeber, der nicht nur die Gliederung und Rhythmisierung aller unserer Lebensäußerungen steuert, sondern der uns auf Grund unseres eigenen Rhythmus auch erwarten und „erkennen" läßt, daß alles, was wir wahrnehmen, gegliedert bzw. rhythmisiert ist.

Rhythmisierung

Rhythmisierung ist keine einfache Zerlegung des Sprechstroms durch Pausen. Es ist eine zur Gleichmäßigkeit tendierende Gliederung. Ähnliches soll in ähnlichen Abständen wiederholt werden.

68

Dabei wird von Fall zu Fall bestimmt, was „ähnlich" ist. So werden rhythmische Gruppen – die Einheiten der Rhythmisierung (vergleiche Abschnitt 2.3.) – auch dann als ähnlich empfunden, wenn sich ihre Silbenzahl geringfügig unterscheidet. Die Impulse unseres Taktgebers werden also nur indirekt wirksam. Wir realisieren beim freien Sprechen keine abzählbaren Versmaße wie in der Musik oder in der Lyrik, sondern – in freier Variation und nur der Tendenz zum Gleichmaß folgend – *rhythmische Gruppen.* Diese Gruppen sind *rhythmische* Wortgruppen, die einerseits inhaltlich, von unserer Aussageabsicht, *Gruppen* und andererseits von den Rhythmisierungsgewohnheiten im Deutschen bestimmt werden.

Die Besonderheit der Rhythmisierung im Deutschen ergibt sich *Rhythmi-* vor allem aus der Art, wie die Akzentuierung realisiert wird und wie *sierung im* daneben die akzentlosen Silben behandelt werden. Bei der Akzentu- *Deutschen* ierung fällt den Deutschlernenden die beträchtliche Steigerung der Sprechspannung und der Lautheit in der Akzentsilbe auf. Im Gegensatz dazu werden die akzentlosen Silben leiser gesprochen und zum Teil stark reduziert. Solche Reduzierungen entstehen durch zahlreiche charakteristische Lautangleichungen, die unterschiedlich weit gehen und bis zum Verschwinden einzelner Laute führen.

In vielen Sprachen ist dies nicht so. Das betrifft vor allem Sprachen, in denen auch akzentlose Silben schwerer wiegen und deren *Rhythmus* deshalb als *silbenzählend* bezeichnet wird. Dem Deut- *silbenzäh-* schen wird dagegen ein *akzentzählender Rhythmus* zugeschrieben, *lend* weil – wie soeben beschrieben – in den rhythmischen Gruppen die *akzentzäh-* Akzentsilben dominieren. *lend*

Man hat wegen des großen dynamischen Unterschieds zwischen Akzent- und akzentlosen Silben im Deutschen auch von einem *stac-* *staccato-* *cato-Rhythmus* gesprochen, einem stoßenden, hämmernden Rhyth- *Rhythmus* mus. Der Akzent hat hier gleichsam eine zentralisierende Wirkung: Er zieht fast die gesamte Artikulationsenergie auf eine Silbe. Verschiedene Sprachen – beispielsweise das Französische und das Litauische – haben dagegen einen dezentralisierenden Akzent. Das bedeutet: Tonhöhenveränderung und Lautheitssteigerung werden auf mehrere Silben verteilt und nicht punktförmig konzentriert. Den hierbei entstehenden Rhythmus kann man auch als *legato-Rhythmus* *legato-* bezeichnen. Gemeint ist eine eher weiche, fließende Rhythmisierung. *Rhythmus* Auch im Russischen, dem wegen der Vokal- und Klangreduktionen in den akzentlosen Silben eher ein zentralisierender Rhythmus zugeschrieben werden muß, finden wir diesen legato-Rhythmus. Hierbei spielt sicher die Musikalität in der Melodisierung, die auffällige Bindung an musikalische Intervalle, eine Rolle.

Bei den weiteren Darlegungen sind nunmehr zwei Gesichtspunkte zu berücksichtigen:

- Da Gliederung und Rhythmisierung von der Wortgruppenakzentuierung abhängig sind, müssen Übungen zur Gliederung auch immer Übungen zur Akzentuierung sein. Wir berücksichtigen dies in den Aufgaben dieses Abschnitts und gehen auch noch einmal auf die Akzentregeln ein.
- Akzentuierung, Gliederung und Rhythmisierung dienen den Sprechenden dazu, zusammen mit der noch zu behandelnden Melodisierung ihre Aussageabsicht zu verwirklichen. Dabei haben sie jene zwei Formen des Sprechens zur Verfügung, von denen schon gesprochen wurde: das frei produzierende und das reproduzierende Sprechen. Die Erfahrung lehrt, daß wir freies Sprechen im Gespräch oder in einer Rede anders hervorbringen als das reproduzierende Sprechen etwa beim Vorlesen. Der Sprechmechanismus unserer Psyche wird ganz offensichtlich auf unterschiedliche Weise tätig. Daraus ergeben sich Gliederungs- und Rhythmisierungsunterschiede, die wir ohne Schwierigkeit erkennen können. Man vergleiche nur die sprecherische Gestaltung bei sachlich und gleichmäßig vorgelesenen Fernsehnachrichten mit der eines lebendigen, einfalls- und abwechslungsreichen Beitrages für eine Talkshow. Beide Formen des Sprechens haben demnach auch bezüglich der Gliederung erkennbar unterschiedliche Gestaltungsprinzipien, auf die wir eingehen müssen. Da Akzentuierung und Gliederung bei fester Textvorlage begreiflicherweise fester geregelt sind und folglich auch leichter beschrieben werden können, behandeln wir zuerst die Gliederung und Rhythmisierung beim reproduzierenden Sprechen.

5.2. Rhythmische Gruppen beim reproduzierenden Sprechen

Die Gliederung eines Textes oder einer Äußerung in rhythmische Gruppen ist nicht dem Zufall unterworfen.

rhythmische Gruppen beim reproduzierenden Sprechen

Beim reproduzierenden Sprechen (Vorlesen, Sprechen gelernter Texte, Reden halten mit Manuskript usw.) hängt die Bildung rhythmischer Gruppen von *drei Umständen* ab:
1. von der syntaktischen und inhaltlichen Struktur der einzelnen Sätze und – sofern vorhanden – von der Textumgebung,
2. von den Wortgruppenakzenten,
3. von der Gestaltungsabsicht und dem sich daraus ergebenden Sprechtempo.

Wer des öfteren vorliest, weiß, daß er nur wirkungsvoll gestaltet, wenn er sich den Bedingungen anpaßt. Er macht sein Sprechtempo sowie auch das mehr oder weniger häufige und mehr oder weniger kräftige Setzen von Akzenten von vielerlei abhängig: von den Hörenden, von der Art des Textes, von den Raumbedingungen usw. Er wird ein Märchen langsam, mit vielen Pausen und kleinen rhythmischen Gruppen vortragen. Ein Bericht dagegen kann viel schneller und mit wenig Pausen vorgelesen werden. Die rhythmischen Gruppen sind hierbei größer. Auch in langen Sätzen werden dann oftmals nur Teilsätze durch Pausen herausgegliedert (vgl. die Gegenüberstellung von einem Märchen und einem Bericht in der Tonaufnahme). Für diese Gliederung gibt es eine Rangfolge. Danach können kleine Gruppen nicht durch Pausen herausgehoben werden, bevor dies nicht mit größeren, „höherrangigen" geschehen ist. Die kleinsten Gruppen sind die sogenannten Akzentgruppen. Ihr Aufbau ist für die Pausensetzung von Bedeutung.

5.1.

5.2.1. Beschreibung der Akzentgruppen

Gegenüber rhythmischen Gruppen (vgl. Abschnitt 2.3.) können Akzentgruppen folgendermaßen beschrieben werden:

> *Akzentgruppen* sind die Bausteine der rhythmischen Gruppen. In ihnen werden akzentlose Wörter und Silben mit einer Silbe, die den Wortakzent trägt und durch Wortgruppenakzent ausgezeichnet worden ist, zusammengeschlossen. Eine rhythmische Gruppe besteht aus wenigstens einer Akzentgruppe. Die zu den rhythmischen Gruppen gehörenden Pausen fallen immer auf die Grenzen von Akzentgruppen.

Akzentgruppen

Das Gefüge von Akzentgruppen hängt also mit der Wortgruppenakzentuierung (vgl. Abschnitt 4.) zusammen. Im frei produzierenden, spontanen Sprechen (in einem Alltagsgespräch beispielsweise) kann eine Akzentgruppe öfter aus nur einem Wort bestehen. Intonatorisch werden dann die akzentlosen Silben dieses Wortes der Akzentsilbe angeschlossen. Ist das Wort einsilbig, dann können rhythmische „Gruppen" auftreten, die aus einer einsilbigen Akzent„gruppe" bestehen (z. B. Ja!, Nein!, So?). Solche Gefüge sind jedoch beim reproduzierenden Sprechen seltener. Hier liegen fast durchweg grammatisch wohlgeformte Sätze vor (vgl. Abschnitt 4.). Diese Sätze bestehen aus Subjekt, Prädikat, Objekt, adverbialen Präpositionalgefügen usw., die beim Sprechen als inhaltliche Einheiten behandelt werden. Auf sie können die Regeln der Wortgruppenakzentuierung (R 12 bis R 16) ohne Schwierigkeit angewendet werden. Erhält ein Wort hierdurch einen Akzent, so gruppieren sich benachbarte Wörter nach folgender Regel um diese Akzentstelle.

71

In Akzentgruppen werden der Akzentstelle von den vorausgehenden Wörtern angeschlossen:

- Pronomen vor dem Verb,
- Artikel, Pronomen und Präpositionen als Elemente von Satzgliedern,
- Konjunktionen, die einen folgenden Redeteil oder ein Satzglied einleiten.

Von den nachfolgenden Wörtern werden angeschlossen:
- Pronomen hinter dem Verb,
- sonstige akzentlose Wörter.

Beispiele für die in R 17 genannten Fälle

1. *Vorausgehende Wörter,* die anzuschließen sind:
   Pronomen vor dem Verb, z. B. (ich fahre), (es läuft), (ihr kommt),
   Artikel, Pronomen und *Präpositionen* als Elemente von Satzgliedern, z. B. (der Stern), (eine Katze), (dieses Haus), (mein Hut), (auf der Straße), (vorm Haus),
   Konjunktionen, die einen folgenden Redeteil oder ein Satzglied einleiten, z. B. (Er lief,) (und sie fuhr.), (Sie sah,) (daß ein Zug kam.), (Und meine Bücher?), (Als Hausmann.).

2. *Nachfolgende Wörter,* die anzuschließen sind:
   Pronomen hinter dem Verb, z. B. (Wir suchen ihn.), (Holt sie!), (Er gefällt mir.),
   sonstige akzentlose Wörter, z. B. (Sie kommen ja schon), (Wir gehen jetzt wohl besser), (Was macht ihr denn da?).

Ü 34 **Übung**

Zeichnen Sie in die folgenden Beispiele mögliche Akzente ein, und kennzeichnen Sie mit Klammern, welche Akzentgruppen hieraus entstehen!

5.2.

(Er half ihm) (beim Schreiben.)
(Untersucht es) (mit der Lupe!)
(Auf der Autobahn) (zwischen Hamburg) (und Schwerin.)

Komm und sprich!
Die Bäume im Garten.
Wir gehen heute abend ins Kino.
Eine Reform in der Verwaltung unseres Landes.
Sie unterstützten ihren Kollegen.
Sie fuhren gegen Abend in den Schacht ein.

Erklären Sie die Regeln für den Straßenverkehr!
Wann fliegt Ihre Maschine?
Gestern sah ich Sie im Theater.
Es waren diesmal nur zwei Kinder auf dem Hof!

Lösung 34 Seite 131

Lösung

Für jemanden, dessen Ausflüge in die deutsche Grammatik längere Zeit zurückliegen, ist die Anwendung von R 17 wegen der grammatischen Begriffe möglicherweise problematisch. Falls sich also bei der Durchsicht der Lösungen ergibt, daß Sie die Akzentgruppen noch nicht sicher bestimmen können, überdenken Sie die in der Übung 35 enthaltenen Erklärungen zu den betroffenen Wortarten! Mit dieser Übung werden die Erklärungen zur Wortgruppenakzentuierung (vgl. Abschnitt 4.) fortgesetzt, wobei hauptsächlich dargestellt wird, welche Wörter im Normalfall keinen Akzent tragen und folglich Akzentstellen angeschlossen werden.

Übung   Ü 35

In dieser Übung wird die Form und Verwendung der Wortarten Artikel, Pronomen, Präpositionen und Konjunktionen umrissen. Achten Sie insbesondere auf die Hinweise zur Akzentuierung! Ziehen Sie die Regeln zur Wortgruppenakzentuierung (R 12 bis R 16) heran. Zeichnen Sie dann in alle Beispiele die möglichen Akzente ein, und kennzeichnen Sie mit Klammern, welche Akzentgruppen hieraus entstehen!

Artikel

Sie begleiten das Substantiv und stehen immer vor ihm. Sie sind daher leicht zu erkennen. Es gibt bestimmte Artikel (der, die, das) und unbestimmte (ein, eine, ein). Artikel werden dekliniert und dem Substantiv angepaßt. Sie sind im Sinne von R 12 Formwörter und werden normalerweise (wenn nicht R 16 zutrifft) nicht akzentuiert:

Artikel nicht akzentuiert

der Mann, die Frau, das Tier, eines Hauses, einer Blume, eine Tasche

5.3.

Pronomen

Wie Artikel begleiten sie das Substantiv. Sie können aber auch für ein Substantiv stehen und werden deshalb gelegentlich Fürwörter genannt. Der Umgang mit ihnen ist komplizierter als mit den Artikeln, weil es mehrere Arten gibt, die für die Akzentuierung und folglich für die Bildung von Akzentgruppen unterschiedliche Bedeutung haben.

Pronomen Achtung!

normaler-
weise ak-
zentlos

1. Die *Personalpronomen* (persönliche Fürwörter) ich, du, er, sie, es
und die Pluralform sie stehen für Substantive. Mit ihnen werden
Personen, Dinge, Vorgänge usw. benannt. Sie werden dekliniert.
Normalerweise sind sie akzentlos, ausgenommen in deklinierter
Form vor dem Verb (nach R 12: Nur dir vertraue ich!):

5.4.

Ich laufe. Er liest. Sie kommen. Wir gedenken seiner. Wir können
ihm glauben. Wir müssen ihn doch erst anhören.

nicht akzen-
tuiert

2. Die *Reflexivpronomen* (rückbezügliche Fürwörter) gehören entweder zum Verb (sich erinnern, sich ärgern, sich schämen), oder sie
verweisen auf das Subjekt zurück (Ich sehe mich. Dagegen: Ich
sehe das Kind.). Die Reflexivpronomen werden dekliniert; sie
sind im Sinne von R 12 Formwörter und werden normalerweise
nicht akzentuiert:

5.5.

Ich wundere mich.
Sie begegneten sich auf der Straße.
Du siehst dich im Spiegel und gefällst dir nicht?
Wir freuen uns über den Besuch.
Ihr habt euch allein befreit.
Sie betrachteten und bewunderten sich.
Er hat sich angemeldet.
Sie spottet ihrer selbst.
Er war seiner nicht mehr mächtig.

in substan-
tivierter
Form und
in Beifü-
gungs-
gruppe ak-
zentuierbar

im Normal-
fall nicht
akzentuiert

3. Die *Possessivpronomen* (besitzanzeigende Fürwörter) mein, dein,
sein, ihr, unser, euer, ihr werden dekliniert und dem Substantiv
angepaßt. Nach Abschnitt 4.2. (Erläuterungen zum Possessivpronomen Seite 52 f.) werden sie bei substantivierter Verwendung
und als Beifügungen zu ausgefallenen Substantiven akzentuiert.
Nach R 14 sind sie zwar auch in Beifügungsgruppen (mein Haus,
ihr Kleid) akzentuierbar, werden im Normalfall aber nicht akzentuiert. Sie tragen nur dann einen Akzent, wenn sehr nachdrücklich gesprochen oder nach R 15 ein Gegensatz betont bzw. auf etwas hingewiesen werden soll. Die folgenden Beispiele stehen für
den Normalfall:

5.6.

Unsere Schule ist sehr alt.
Sie schrieb ihrem Bruder und dankte ihm.
Euer Garten ist ein einziges Blumenmeer.
Euer Haus ist verkauft worden.
Ich sitze auf dem Balkon meiner Wohnung.
Die Bibliothek unserer Eltern war sehr groß.
Wir müssen eurem Nachbarn dankbar sein.
Ich werde jetzt meine Hausaufgaben machen.

4. Die *Demonstrativpronomen* (hinweisende Fürwörter), dieser, jener, solcher, werden dekliniert und den Substantiven angepaßt. Nach Abschnitt 4.2. (Erläuterungen zum Demonstrativpronomen Seite 55) werden sie nur akzentuiert, wenn sie stark hinweisenden Charakter haben. Bei den Pronomen kann diese deutliche Hinweisfunktion in Beifügungsgruppen (dieses Buch, jener Bildband) vor allem bei mehreren Beifügungen abgeschwächt sein. Die Pronomen werden dann nicht akzentuiert (vgl. jedoch R 15).

dieser, jener, solcher in Beifügungsgruppen meist nicht akzentuiert

Ich sah diese Frau!
Kennst du dieses Buch?
Ich kann all jenes Klagen nicht mehr hören.
Wir können jene Wünsche nicht erfüllen.
Solch prachtvolle Kleider sah man selten.
Experten werden gebraucht. Wir suchen solche Leute.

5.7.

Zu den Demonstrativpronomen gehören auch der, die, das als allgemeine Hinweiswörter, wobei sich das auf ganze Sätze beziehen kann. Im Normalfall werden diese Pronomen nicht akzentuiert:

der, die, das als Hinweiswort nicht akzentuiert

Du meinst die Frau dort? Die kenne ich nicht.
Wess Brot ich ess, des Lied ich sing.
Ich sehe schon, dem ist nicht so.
Wie das regnet.
Hat er Urlaub? – Das weiß ich nicht.
Es wird herrlich werden, das haben mir alle versprochen.

5.8.

5. Die *Relativpronomen* (bezügliche Fürwörter) der, die, das, welcher, welche, welches, wer, was, was für ein leiten Relativsätze ein. Sie stehen für ein Substantiv und werden ihm angepaßt. Sie sind im Sinne von R 12 echte Formwörter und werden normalerweise nicht akzentuiert:

nicht akzentuiert

Der Zug, der jetzt fährt, ist ein D-Zug.
Die Frau, deren Schirm dort steht, ist gerade fortgegangen.
Die Freiheit, die ich meine.
Das Lied ist dasjenige, welches uns so gut gefiel.
Was für ein Auto ist das, mit dem du jetzt fährst?
Wer wagt, gewinnt.
Wer viel wäscht, muß viel trocknen.
Es ist schön, was du mir sagst.
Wem eine solche Frau begegnet, der kann von Glück reden.

5.9.

6. Die mit einem W anfangenden Pronomen welcher, wer, was usw. werden auch als *Interrogativpronomen* (Fragefürwörter) verwendet. Zusammen mit den Fragepartikeln wie, wo, wann, wohin, weshalb, wozu usw. eröffnen sie die sogenannten W-Fragen (Fra-

nicht akzentuiert, außer in Nachfragen

75

gen mit Fragewort). Außer in Nachfragen (vgl. die Erläuterungen Seite 57 zu den Personal- und Interrogativpronomen im Abschnitt 4.2.) werden W-Wörter im Normalfall nicht akzentuiert:

5.10.

Welches Brot soll ich nehmen?
Was ist denn los?
Was für ein Geschrei ist das?
Weshalb kümmerst du dich nicht um die Sache?
Wie lange könnt ihr bleiben?
Wozu soll ich jetzt arbeiten?
Warum nur diese Hektik?

Normalfall
= akzentlos
„man" akzentlos

7. Die *Indefinitpronomen* (unbestimmte Fürwörter) all, ein bißchen, ein wenig, einige, etliche, etwas, jeder, jeglicher, kein, manches, mehrere, sämtlich usw. werden als Begleiter von Substantiven, die normal auftreten, nicht akzentuiert. Sie werden zum Teil dekliniert. Das gilt auch für das Pronomen man (vgl. die Erläuterungen Seite 56 zu den Indefinitpronomen).

5.11.

Ein bißchen Glück muß man haben.
Mit ein wenig Geduld werden wir das schaffen.
Ich habe einige Kollegen getroffen.
Etwas Mut gehört dazu.
Was sind schon ein paar Regentropfen.
So manches Land, so manche Weise, so mancher Koch, so manche Speise.
Man darf ihm nicht glauben!

Präpositionen

nicht akzentuierbar

Die *Präpositionen* (auch Verhältniswörter genannt) auf, an, in, nach, zu, bei, ab, bis, von – an, seit, während, durch, mit, von, vor, wegen, dank, ohne usw. verändern ihre Form nicht. Sie werden immer im Zusammenhang mit einem anderen Wort (Substantiv, Pronomen, Adjektiv, Adverb) gebraucht und stehen im allgemeinen vor ihm. Sie verknüpfen zwei Wörter miteinander und kennzeichnen das Verhältnis zwischen ihnen. Im Sinne von R 12 sind sie deshalb echte Formwörter und werden folglich nicht akzentuiert:

5.12.

Ich rechne mit dir.
Die Fußgänger achteten kaum auf den Verkehr, aber auf was achteten sie dann?
Sagen Sie das auf deutsch und auf französisch!
Im Flur hing eine Jacke aus Seide.
Er hat sich bis heute nicht verändert: Wenn er aus dem Garten kommt, geht er zunächst nach oben in sein Zimmer.
Der Film ging mir mit seiner Handlung unter die Haut.

Trotz seiner großen Erfahrungen verlor er in diesem Spiel.
Sie fuhren zur Erholung in die Berge.
Von morgen an gibt es in den Kaufhäusern Billigangebote.

Konjunktionen

Die *Konjunktionen* (Bindewörter) und, oder, aber, denn, sowohl – als auch, während, als, weil, daß, ohne daß, wenn, indem, je – desto usw. sind den Präpositionen sehr ähnlich. Sie verändern ihre Form nicht und fungieren als echte Formwörter. Sie dienen dazu, Sätze, Wortgruppen und Wörter miteinander zu verbinden. Dabei werden Nebenordnungen, Unterordnungen, Kennzeichnungen des Zwecks, der zeitlichen Abhängigkeit usw. hergestellt. Nach R 12 werden sie normalerweise nicht akzentuiert: nicht akzentuiert

Karl und Anna fuhren an die See, um sich zu erholen.
Karl ging an den Strand, und Anna bummelte ein bißchen.
Dann gingen sie wieder in ihr Hotel, denn es war kühl geworden.
Während sie einen Brief schrieb, las er die Zeitung.
Am Abend spielte man Schach, weil das Fernsehen uninteressant war.
Entweder gab es Krimis oder Seifenopern.
Von der See her wehte ein kühler Wind, so daß sie nicht baden konnten.
Je länger sie blieben, desto ruhiger wurden sie.

5.13.

Lösung 35 Seite 131. Angeführt werden nur die letzten drei Äußerungen aus jeder Beispielgruppe. Lösung ◄──

Übung

Ü 36

Bestimmen Sie in dem folgenden Text mögliche Satzakzente, und kennzeichnen Sie mit Klammern die Akzentgruppen, die hieraus entstehen! Eine Variante zeigt die Tonaufnahme.

Die Brautschau   (nach den Brüdern Grimm, leicht verändert)

5.14.

Es war ein junger Hirt, der wollte gern heiraten. Er kannte drei Schwestern, davon war eine so schön wie die andere, so daß ihm die Wahl schwer wurde. Da fragte er seine Mutter um Rat; die sprach: „Lad alle drei ein und setz ihnen Käse vor." Das tat der Jüngling, die erste aber verschlang den Käse mit der Rinde; die zweite schnitt in der Hast die Rinde vom Käse ab, weil sie aber so hastig war, ließ sie noch viel Gutes daran; die dritte schälte ordentlich die Rinde ab, nicht zuviel und nicht zuwenig. Der Hirt erzählte das alles seiner Mutter. Da sprach sie: „Nimm die dritte zu deiner Frau." Das tat er und lebte zufrieden und glücklich mit ihr.

Lösung 36 Seite 132 Lösung ◄──

5.2.2. Die Herausgliederung von rhythmischen Gruppen

Man muß schon sehr langsam und sehr nachdrücklich sprechen, wenn man alle denkbaren Akzentgruppen durch Pausen voneinander abgrenzen und somit als rhythmische Gruppen realisieren will. Oftmals sind Akzentgruppen zu kurz, um als rhythmische Gruppen in Erscheinung treten zu können. In solchen Fällen verschmelzen zwei oder mehr Akzentgruppen zu einer einzigen rhythmischen Gruppe. Ich gliedere also so, wie es meiner Gestaltungsabsicht entspricht, bin dabei jedoch abhängig vom syntaktischen und inhaltlichen Aufbau der einzelnen Sätze und von deren Stellung im Text. Zuerst kann ich größere Einheiten durch Pausen herausstellen, danach erst kleinere. Die Regel für die Rangfolge der möglichen Gliederungseinheiten muß wiederum auf einige grammatische Begriffe zurückgreifen, die wir zunächst erläutern wollen.

Teilsätze

Teilsätze

Es gibt Sätze, die ihrerseits aus Sätzen – nunmehr als Teilsätze bezeichnet – zusammengesetzt sind. Teilsätze können als Haupt- oder Nebensätze auftreten:

Hauptsatz

5.15.

1. **Hauptsätze** sind vergleichsweise selbständig und könnten meist auch als korrekte selbständige Sätze gebraucht werden:
Es ist Sommer, // und wir machen Urlaub.
Im Schrank hängt ein Anzug, // der gehört mir.
Friede ernährt, // Unfriede verzehrt.

Nebensatz

2. **Nebensätze** sind unselbständig; sie sind alleinstehend keine korrekten Sätze. Sie beziehen sich eng auf einen Hauptsatz oder auf andere Nebensätze und ersetzen oft ein Satzglied:
Sie las ein Buch (Hauptsatz), // das sie kürzlich gekauft hatte (Nebensatz).
Ich sehe ein (Hauptsatz), // daß ich ihnen nicht helfen kann (Nebensatz).
Sie fragte (Hauptsatz), wann er komme (Nebensatz), um zu arbeiten (Nebensatz).

Thema-Rhema-Gliederung

Thema

Rhema

Mit Sätzen bzw. Äußerungen soll etwas mitgeteilt werden. Deshalb steht in der Regel vor dem konjugierten Verb das *Thema* der Mitteilung; dem Thema folgt, mit der konjugierten Verbform beginnend, das Mitzuteilende, das *Rhema*. Das Rhema kann aus mehreren einzelnen Mitteilungen bestehen. Diejenige Mitteilung, die den höchsten Mitteilungswert hat, rückt dabei möglichst an das Ende des Satzes. Auf ihr liegt folglich der für die Kommunikation wichtigste Akzent (genaue Bestimmung der Wortgruppenakzente nach den Regeln 12 bis 16):

Ein Bauer   säte   auf seinem Acker   Rüben.

1. Mitteilung   2. Mitteilung   3. Mitteilung

Thema   Rhema

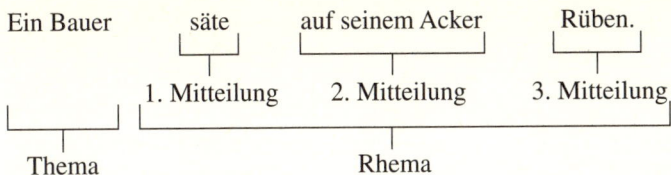

Mit Hilfe dieser Begriffe kann folgende Regel formuliert werden:

R 18

Die Herausgliederung rhythmischer Gruppen geschieht nach der Rangfolge:
1. Teilsätze, sofern vorhanden, insbesondere wenn es sich um Hauptsätze (vergleichsweise selbständige Teilsätze) handelt;
2. das Thema des Satzes, wenn es ein Substantiv enthält;
3. rhythmische Gruppen, die aus zwei oder mehr Akzentgruppen bestehen;
4. rhythmische Gruppen, die nur aus einer Akzentgruppe und manchmal nur aus einem Wort bestehen.
Gruppen mit niederem Rang werden erst nach der Herausgliederung höherrangiger Gruppen durch Pausen vom Satzganzen abgehoben.

Übung   **Ü 37**

Zeichnen Sie in die folgenden Beispiele mögliche Akzente ein, und kennzeichnen Sie mit Klammern die Akzentgruppen! Suchen Sie, sofern denkbar, mehrere Möglichkeiten der Akzentuierung! Eine Variante zeigt die folgende Tonaufnahme:

5.16.

(Untugend) / (lernt sich von selbst.)
Grund: Thema des Satzes mit Substantiv

(Was man gern trägt) / (wird einem nicht sauer).
Grund: Trennung des Satzes in Teilsätze

(In andern Ländern) / ⟨2⟩ (ißt man auch Brot,) / ⟨1⟩ (aber daheim) (schmeckts besser.)
Gründe: 1. Trennung des Satzes in Teilsätze, 2. Thema des ersten Teilsatzes mit Substantiv.

Tausch ist kein Raub.
Krieg verzehrt, was Friede beschert.
Wie das Land, so das Sprichwort.
Ein guter Rat ist besser als ein Sack voller Ratschläge.
Ratet mir gut, sagte die Braut, aber ratet mir nicht ab.
Wer ein Weib nimmt, der darf nicht müßig sein.

Wenn ich darf, wie ich will, so tue ich, wie ich will.
Wer nicht liebt Wein, Weib und Gesang, der bleibt ein Narr sein Leben lang.

Lösung

Lösung 37 Seite 132

Ü 38   Übung

Legen Sie für die Beispiele der Übung 37 mit Pausenzeichen (/) fest, welche rhythmischen Gruppen Sie für angemessen halten! Versuchen Sie, mehrere Möglichkeiten der Rhythmisierung zu finden!

Lösung

Lösung 38 Seite 132

Ü 39   Übung

Legen Sie für den Text der Übung 36 mit Pausenzeichen (/) fest, welche rhythmischen Gruppen Sie für angemessen halten!

Lösung

Lösung 39 Seite 133

Ü 40   Übung

Bestimmen Sie in dem folgenden Text mögliche Akzente, kennzeichnen Sie mit Klammern die Akzentgruppen, die hieraus entstehen! Bestimmen Sie dann mit Pausenzeichen (/), welche rhythmischen Gruppen Sie für angemessen halten! Eine Variante zeigt S. 17.

5.17.

Ein Jude und ein Offizier sitzen in der Bahn. Um sich die Langeweile zu vertreiben, geben sie sich Rätsel auf. Der Offizier: „Was ist das: Das erste läuft, das zweite läuft, und das Ganze ist ein Schlachtort aus dem Siebenjährigen Krieg." Der Jude weiß es nicht. „Ganz einfach: Roßbach." Nun denkt sich der Jude ein Rätsel aus. „Was ist das: Das erste läuft, das zweite läuft, das dritte läuft nicht." Der Offizier zerbricht sich den Kopf, aber er kann es nicht herausbekommen. „Das ist doch ganz einfach!" triumphiert der Jude. „Das sind die Kinder von meinem Schwager Elias."

(aus: Von armen Schnorrern und weisen Rabbis. Berlin 1981, S. 81)

Lösung

Lösung 40 Seite 133

5.3. Rhythmische Gruppen beim frei produzierenden Sprechen

Frei produziertes Sprechen ist immer dann zu beobachten, wenn jemand spricht, ohne daß der Wortlaut zuvor formuliert worden ist. Typisch für dieses Sprechen sind unsere Äußerungen im Gespräch, gleichgültig ob es sich um Alltagsgespräche, „small talk", Beratungen oder Diskussionen handelt. Zwei oder mehr Menschen treffen zusammen, erzählen sich etwas, tauschen ihre Meinungen aus oder streiten sich. Das, was sie kundgeben, ist zwangsläufig durch die Sprachproduktion des Augenblicks geprägt. Wir müssen folglich erwarten, daß es in verschiedener Hinsicht deutlich von dem abweicht, was beim Vorlesen oder Vortragen zuvor erarbeiteter und schriftlich niedergelegter Texte zu beobachten ist.

5.3.1. Planung und Ausführung des frei produzierenden Sprechens

Die Unterschiede zwischen dem reproduzierenden und dem frei produzierenden Sprechen betreffen
1. das Entstehen des Wortlauts und damit den Wortlaut selbst,
2. die artikulatorische und intonatorische Ausführung des (zuvor verinnerlichten oder im Moment des Sprechens innerlich erarbeiteten) Wortlauts.
Beides wirkt aufeinander ein, dominierend ist aber der Wortlaut und seine Entstehung. Beim reproduzierenden Sprechen wird ein vorliegender Text „aufgelesen", inhaltlich gedeutet und mit sprecherischen Mitteln zu Gehör gebracht. Der Textaufbau, die Satzstrukturen und die inhaltliche Deutung durch den Sprecher bestimmen das Programm für die artikulatorische und intonatorische Ausführung.

Beim frei produzierenden Sprechen wird der Wortlaut, der mit Hilfe von Artikulationsbewegungen nach außen befördert und hörbar gemacht werden soll, erst geplant und in speziellen „Arbeitsgängen" entworfen. Diese Arbeitsgänge können je nach Thema und Situation erhebliche Schwierigkeiten bereiten. Sie verlaufen vor und neben der Artikulation und diktieren deren Programm. Beides, die Kompliziertheit bei der Herstellung des inneren sprachlichen Konzepts und die Gleichzeitigkeit von Konzeptentwicklung und artikulatorischer Ausführung des Konzepts, führt zu sprachlichen und sprecherisch-intonatorischen Erscheinungen, die für frei produzierte Texte charakteristisch sind. *frei produzierendes Sprechen*

Das frei produzierende Sprechen ist jedoch nicht vollständig „frei". Auch in Gesprächssituationen werden sprachlich „vorgefertigte Bausteine" verwendet, z. B. *sprachliche Bausteine*

🎧
5.18.

1. *Benennungskomplexe und stereotype Vergleiche:* der absolute Nullpunkt, Kreuz des Südens, schwarz wie die Nacht, blau wie ein Veilchen.

2. *feste Wortverbindungen, sogenannte phraseologische Wendungen:*
Anordnungen treffen, blinder Eifer, jemandem den Marsch blasen, das Gras wachsen hören.

3. *Redensarten:* Danach kräht kein Hahn. Damit kannst du keinen
Blumentopf gewinnen. Dem brennt der Boden unter den Füßen.
Schwamm drüber.

4. *Zitate:* Wer zu spät kommt, den bestraft das Leben (Gorbatschov). Der brave Mann denkt an sich selbst zuletzt (Schiller:
Tell). (Ironisierend verwendet: ... denkt an sich selbst zuerst.) Es
gibt viel zu tun, packen wir's an (Sentenz aus der Werbung).

5. *Sprichwörter:* Gleich und gleich gesellt sich gern. In der Kürze
liegt die Würze. Lieber den Magen verrenken als dem Wirt was
schenken.

Ü 41 Übung

Bestimmen Sie in den Beispielen zu den behandelten sprachlichen
„Bausteinen" die möglichen Akzente, und kennzeichnen Sie mit
Klammern die Akzentgruppen, die hieraus entstehen! Bestimmen Sie
dann in den längeren Wortfolgen mit Pausenzeichen (/), welche
rhythmischen Gruppen Sie für möglich halten. Beachten Sie die Tonaufnahme!

(das Zeitliche segnen)
(Wer einen Ochsen kauft) / (kann keine Kuh melken.)

Lösung
⟶

Lösung 41 Seite 133

Solche Bausteine sind als fertige Einheiten, als feste Ausdruckskom-
plexe in unserem Gedächtnisspeicher abgelegt. Sie können demzufolge auch als eine rhythmische Gruppe, längere Wortfolgen möglicherweise mit einer Zwischenpause als zwei oder mehr Gruppen
gesprochen werden.

Dies ist aber die Ausnahme – im Normalfall wird die Akzentuierung und Gliederung durch die Art der Entstehung geprägt. Die für
das reproduzierende Sprechen beschriebenen Regeln werden nicht
außer Kraft gesetzt, aber sie werden je nach den Anforderungen der
Situation unterschiedlich stark modifiziert.

Wer in einer Diskussion spontan erwidern will oder plötzlich vor
die Aufgabe gestellt wird, eine Rede zu halten, weiß, wie schwierig es
ist, ein inneres sprachliches Konzept zu entwickeln. Die aus der Situation heraus entstandene Sprechabsicht muß zuerst in einen Redeplan umgesetzt werden. Es ist zu planen, welches Thema angemessen
ist, auf welchem Niveau über das Thema gesprochen werden soll,
was zu erwähnen und was wegzulassen ist, in welcher Reihenfolge
die einzelnen Komponenten des vorgesehenen Inhalts angeführt wer-

den können, ob die Beziehungen zwischen den Inhaltskomponenten deutlich zu machen sind, wie geendet werden kann usw. (vgl. Abschnitt 1.1.). Während der Redeplan noch entfaltet und möglicherweise während des Sprechens modifiziert wird, muß er mit der Planung von Satzfolgen und jeder Satz mit der Planung der Satzteile untersetzt werden. Dafür werden Satzstrukturen entwickelt und diese mit geeigneten Wörtern belegt. Die Probleme bestehen hierbei vor allem darin, solche Sätze zu bauen, die möglichst genau dem Redeplan entsprechen und in den verschiedenen Abschnitten der Rede am besten in die beabsichtigte Richtung weisen.

Aus dieser Aufzählung ist zu erkennen, daß die Entwicklung eines inneren sprachlichen Konzepts für das Sprechen vielfältiger Prozeduren bedarf, die nebeneinander auf verschiedenen Ebenen verlaufen. Die Ausführung dieses Konzepts durch die Artikulationsorgane wird durch ein kompliziertes Programm gesteuert, das dem sprachlichen Konzept gemäß ebenfalls auf mehreren Ebenen entwickelt werden muß. Es ist leicht einzusehen, daß dieser komplizierte Vorgang störanfällig ist, daß er gelegentlich unsere Leistungsfähigkeit bzw. unser Gedächtnis überfordert und daß er nicht nur bei nachlassender Konzentration zu sprachlichen Fehlern, zu artikulatorisch bedingten Versprechern und zu anderen Verzögerungen führen kann.

Zu den sprachlichen Fehlern zählen u. a.

sprachliche
Fehler

- *Wiederholungen:* Gib mir das das Messer!
- *Korrektur im Satzglied:* Gib mir den Maul… Ringschlüssel!
- *Ersetzen eines Satzgliedes:* Gib mir den Maulschlüssel, den Ringschlüssel!
- *Korrekturen mit Ansage:* Gib mir das, ich meine den Schraubendreher!
- *Vertauschen von Wörtern:* Ich werde dem Halsband das Hund anlegen.
- *Auslassen von Wörtern:* Ich denke daran, daß wir eine bestimmte … vornehmen wollten.
- *Satzabbrüche:* Ich werd euch … so einen Lärm zu machen.
- *Übergang von einer begonnenen Satzkonstruktion in eine andere:* Also ich habe vier Themen wollte ich eigentlich vorschlagen.

Übung

Ü 42

Überlegen Sie, welche dieser Fehlleistungen vermutlich Pausen zur Folge haben werden! Kennzeichnen Sie in den angeführten Beispielen mögliche Akzente, bestimmen Sie mit Klammern die hieraus entstehenden Akzentgruppen und mit Pausenzeichen (/) die rhythmischen Gruppen, die Sie für angemessen halten!

83

(Wir wollten doch) / (wollten wir nicht) ...
(Ich kenne den) / (den Plan noch nicht.)

Lösung

Lösung 42 Seite 133f.

Artikulatorisch bedingte Versprecher sind u. a.

Versprecher

- *Vorwegnahme von Lauten:* Harte halten statt Karte halten
- *Beibehalten von Lauten:* einen Stift steichen statt einen Stift reichen
- *Umkehrungen von Lauten:* Kinz und Hunz statt Hinz und Kunz, Mochkauer Mastkampf statt Moskauer Machtkampf
- *Wegfall von Silben:* Unität statt Universität
- *Zusammenziehungen von zwei Wörtern:* Pflaumdelbäume statt Pflaumen- und Mandelbäume.

Ursache und Merkmale von Verzögerungen

Solche Fehlleistungen werden den Sprechenden meist bewußt und führen dadurch zu Unterbrechungen oder Verzögerungen des Sprechflusses, in denen auch Fehler korrigiert werden können. Verzögerungen entstehen aber ebenso, wenn für die geplanten Satzstrukturen und ihre Satzglieder nicht schnell genug Wörter gefunden werden oder wenn die Bedeutung eines Aussageteils noch unscharf ist. Verzögerungen werden schließlich dadurch hervorgerufen, daß die Sprechenden von außen her gestört werden. Das können Geräusche oder Vorgänge sein, die ablenkend wirken, das können aber auch die Partner sein, die hineinreden oder sich das Wort nehmen wollen. Solche Verzögerungen sind vor allem zu erkennen:

- *an stillen Pausen;*
- *an Pausen,* die *mit* unzusammenhängenden *„Zögerungsgeräuschen"* gefüllt sind (ä, äh, ah, Glucksen, Schlucken, Räuspern, Seufzen, lautes Ein- oder Ausatmen, kurzes Lachen usw.);
- *an Zögerungsfloskeln* (ich weiß nicht, ich denke mal, weißt du, wart mal, also ja, ungefähr so usw.);
- *an Einsprengseln* (z. B. kurze ä-Laute vor Beginn eines Wortes ohne deutliche Pause);
- *an Lautdehnungen,* die als pausenähnliche Einschnitte empfunden werden.

Aus der Betrachtung der Fehlleistungen, Verzögerungen und Korrekturen hat man geschlossen, daß die artikulatorische Ausführung von den Satzteilen bzw. Satzgliedern ausgeht. Ein Satzteil wird ausgeführt, während der nächste vorbereitet wird. Muß die Ausführung korrigiert werden, wird vielfach der ganze Satzteil korrigiert. Aber auch die Füllung der Satzteile mit Wörtern kann korrigiert werden. Für die Hörenden sind solche Fehler, Korrekturen und Verzögerungen – bis zu einer gewissen Grenze – alles andere als lästige Störungen. Sie helfen ihnen, den Sprecher zu beurteilen: seine Konzentration, seine Sicherheit, seine Ernsthaftigkeit, seine Wahrhaftigkeit, seine Intelligenz, sein Temperament usw. Für die Sprechenden sind sie Kommentare zu ihrer eigenen Sprachproduktion. Siegmund Freud, der sich am Anfang unseres Jahrhunderts ausgiebig mit solchen Erscheinungen befaßt hat, behauptete sogar, daß sie auf Grund innerer Konflikte zustande kommen und daß sich in ihnen ein „innerer Kritiker" zeige.

Die hier geschilderten Besonderheiten in der Planung und Ausführung des frei produzierenden Sprechens haben zum Ergebnis, daß
1. der Sprechfluß in hohem Maße unregelmäßig verläuft und
2. neben den syntaktisch-inhaltlich begründeten Pausen zahlreiche weitere Unterbrechungen auftreten.

Diese beiden Punkte markieren bereits einen deutlichen Unterschied zwischen dem frei produzierenden und dem reproduzierenden Sprechen. Weitere Unterschiede ergeben sich aus dem Wortgebrauch, der ebenfalls die Gliederung, also die Bildung von rhythmischen Gruppen beeinflußt.

5.3.2. Besonderheiten des Wortgebrauchs – Interjektionen und unflektierte wertende Wörter

Beim frei produzierenden Sprechen gibt es im Vergleich zu geschriebenen Texten Besonderheiten im Wortgebrauch, und zwar hauptsächlich aus zwei Gründen:

Frei produzierendes Sprechen:

- Beim frei produzierenden Sprechen besteht die Möglichkeit, sparsam mit Ausdrucksmitteln umzugehen. Der direkte Kontakt zwischen den Kommunikationspartnern und ihr gemeinsames Wissen um die Gesprächsvoraussetzungen erlaubt es, sprachliche Formulierungen zu verkürzen oder zu ersetzen; die Ansprüche an die sprachliche Form sind weniger streng.

1. Besonderheiten im Wortgebrauch

- Es besteht ferner die Möglichkeit, unmittelbar, spontan und emotional zu reagieren. In vielen Gesprächs- und Redesituationen zeigt sich die Tendenz, lebhaft, auch abwechslungsreich zu sprechen, deutlich zu werten und Emotionen mehr oder weniger ungehemmt, sogar unkontrolliert zum Ausdruck zu bringen.

Besonderheiten im Wortgebrauch wirken sich auf die Akzentuierung und Gliederung aus und müssen deshalb hier behandelt werden. Bedeutungsvoll ist in diesem Zusammenhang vor allem der verstärkte Gebrauch von Interjektionen und von wertenden Wörtern (vgl. 4.2.).

2. veränderte Gliederung und Akzentuierung

Die Interjektionen sind als Wortart problematisch. Bereits im Abschnitt 4.2. haben wir sie als „Wörter" charakterisiert,

3. mehr Interjektionen

- für die kein fester Inhalt angegeben werden muß, die aber trotzdem für jedermann verständlich sind;

- die in ihrer Mehrzahl allgemein gebräuchlich sind, obwohl ihre Form abgewandelt werden kann;
- die vom einzelnen Sprecher auch für den Augenblick geschaffen werden können;
- die als Ausrufe- und Ausdruckswörter oft einen Akzent tragen.

Interjektionen treten im frei produzierenden Sprechen häufig auf. Dies ist allerdings von der Situation abhängig und auch von Sprecher zu Sprecher verschieden. In einem Unterhaltungsgespräch ist die Verwendung von Interjektionen eher möglich als in einer wissenschaftlichen Diskussion.

Interjektionen haben verschiedene Bedeutungen. Sie sind

Bedeutung der Interjektionen

1. *Antwortreaktionen,* z. B. Bejahungen (mmhm usw.), Verneinungen (mh mh usw.), Bestätigungen der anhaltenden Aufmerksamkeit (mhm, oje, Schnalze usw.);
2. *Signal des Sprechenden,* daß er trotz Sprechpause das Wort noch nicht abgeben möchte (langgezogenes äh usw.);
3. *Ausdruck von Emotionen,* z. B. von Freude (ah, oh, juhu, hurra, hei usw.), von Zärtlichkeit (ei, eia usw.), von Schmerz oder Bedauern (o weh, ach, herrje usw.), von Wohlbehagen (ah, oh usw.), von Ekel (brr, pfui, ih, igitt, puh usw.), von Ärger (oho, ha, nana usw.), von Verachtung oder Ablehnung (ach was, paperlapapp, ph(ö), usw.);
4. *Ausdruck eines Anrufs oder einer Begrüßung* (hallo, hei, holla, he, heda, st usw.)
5. *Ausdruck von Aufforderungen,* z. B. ruhig zu sein (pst, sch, pscht usw.), sich zu entfernen (sch, husch husch, ksch usw.), näher zu kommen (besonders bei Tieren: thth-Schnalze, put put, miez miez usw.), im Takt zu arbeiten (hau ruck, zu-gleich usw.);
6. *Nachahmung von Lauten und Geräuschen* (hatschi, hihi, haha, hopp hopp, kikeriki, iah, kuckuck, ticktack, ritze ratze, tsch tsch tsch usw.

Eine Reihe von Interjektionen (z. B. mhm mhm) wird für den Hörer erst dadurch eindeutig, daß eine spezifische Intonation hinzutritt (z. B. bei Bejahung oder Verneinung). Für alle Interjektionen aber gilt, daß sie nicht nur als „Wort" innerhalb von Satzgliedern, sondern auch als selbständige Äußerung (als „Interjektionssatz" oder als Teilsatz) auftreten können. Sie hören Beispiele für Interjektionen, die in Satzglieder oder Sätze eingebunden sind:

5.19.

Hast du das kikeriki gehört?
Blubb-blubb-blubb machte der Motor, und schon entfernte sich das Boot.
Mit einem lauten Klack fiel der Eimer um.

Beispiele für Interjektionen, die als selbständige Äußerungen, als Sätze oder Teilsätze auftreten:

Mhm mhm! (als Verneinung gesprochen)
Hee? (als Frage gesprochen)
Ah, das hat gut getan!
Pst, seid doch endlich leise!

Übung

Ü 43

Bestimmen Sie in den Beispielen zu den Interjektionen die möglichen Akzente, und kennzeichnen Sie mit Klammern die hieraus entstehenden Akzentgruppen! Legen Sie dann mit Pausenzeichen (/) fest, welche rhythmischen Gruppen Sie für angemessen halten!

(Alle wollen euch) / (toi toi toi sagen.)
(Brrrr) / (und das jeden Morgen.)

Lösung 43 Seite 134

Lösung
←▬▬

Interjektionen, die als selbständige Äußerungen, als Sätze oder Teilsätze auftreten, werden als rhythmische Gruppen gesprochen. Sie werden durch Pausen von der Umgebung abgegrenzt und sind stets akzentuiert.
Als „Wörter" innerhalb von Satzgliedern tragen sie wegen ihres hohen Ausdruckswerts fast immer einen Akzent und sind damit das Zentrum einer Akzentgruppe.

Neben den Interjektionen können unflektierte wertende Wörter ein besonderes Gewicht erhalten. In Gesprächs- und Redesituationen, die den unmittelbaren, mehr oder weniger ungehemmten Ausdruck von Emotionen, Wertungen und Einstellungen erlauben, werden solche Wörter häufig stark akzentuiert. Sie können sogar als Einschub gesprochen werden oder als satzähnliche Äußerung auftreten. In beiden Fällen werden sie dann als selbständige rhythmische Gruppen realisiert. Nach Abschnitt 4.2. führen wir hier vor allem an:

1. Wörter wie allerdings, freilich, selbstredend, sicherlich, zweifelsohne; es kommen Wendungen hinzu wie mit Sicherheit, na klar. Diese Wörter können die Funktion von Antworten übernehmen und stehen dann allein. Eine solche Form ihrer Verwendung ist vor allem in Alltagsgesprächen üblich:

Wirst du kommen? – Selbstredend!
Können wir denn nun endlich gehen? – Na klar!
In diesem Falle hat er zweifelsohne in allen Punkten recht. – Sicherlich, gut war das nicht!

5.20.

2. Wörter wie schätzungsweise, eigentlich, wenigstens, merkwürdigerweise, vernünftigerweise, irrtümlicherweise, verdienterweise, zufälligerweise; es kommen Wendungen hinzu wie für sich genommen, an sich. Diese Wörter helfen dem Sprecher ebenfalls, seine Einstellung zum Sachverhalt auszudrücken. Bei engagiertem Sprechen werden sie deshalb besonders stark akzentuiert und häufig auch als selbständige rhythmische Gruppe realisiert. Sie können im allgemeinen jedoch nicht als Antworten auf Fragen verwendet werden:

5.21.

Das kann doch vernünftigerweise nur abends gemacht werden!
Ich sitze zufälligerweise immer noch hier!
Verdienterweise hat er eine hohe Abfindung bekommen.
Eigentlich hat er recht!
Er hat mich gestern doch noch angerufen. – Ja, merkwürdigerweise!

Ü 44   Übung

Bestimmen Sie in den Beispielen zu den wertenden Wörtern (s. 1. u. 2.) die möglichen Akzente, und kennzeichnen Sie mit Klammern, welche Akzentgruppen hieraus entstehen! Legen Sie dann mit Pausenzeichen (/) fest, welche rhythmischen Gruppen Sie für angemessen halten!

(Das <u>war</u>) / (mit<u>nich</u>ten) / (zu er<u>ken</u>nen.)
(Glücklicher<u>wei</u>se) / (hat es keine Ver<u>letz</u>ten gegeben!)

Lösung   Lösung 44 Seite 134

Wenn also Menschen unmittelbar miteinander sprechen – sei es von Angesicht zu Angesicht oder telefonisch – können sie auch unmittelbar, kurz und ohne Umschweife aufeinander reagieren. Neben der Tendenz zur sprachlichen Ökonomie besteht in vielen Situationen die Tendenz, verstärkt emotionale Bewertungen auszudrücken. Zu diesem Zwecke werden Ausdrucksmöglichkeiten gewählt, die dieses emotionale Engagement anzeigen. Wortwahl und intonatorische Ausführung wirken hierbei zusammen. Außer Interjektionen und wertenden Wörtern werden natürlich auch andere Wörter, die subjektive Einstellungen anzeigen, verwendet. Beim frei produzierenden Sprechen sind solche subjektiv getönten Äußerungsformen in den meisten Fällen möglich und charakteristisch. Bei vielen Textsorten des reproduzierenden Sprechens besteht dagegen die Tendenz zu größerer Sachlichkeit bzw. Objektivität und zu größerer Breite in der Formulierung. Weitschweifigkeit ist aber auch bei manchen Sprechern zu beobachten.

5.3.3. Die Gliederung – rhythmische Gruppen

Unsere bisherige Darstellung des frei produzierenden Sprechens erbrachte:

> Während beim reproduzierenden Sprechen (Vorlesen, Rezitieren, Vortragen von Manuskriptreden usw.) die Gliederung des Gesprochenen durch Pausen im allgemeinen nur inhaltlich und durch den Satzaufbau bestimmt wird, treten beim freien Produzieren zusätzliche Pausen und Unregelmäßigkeiten im Sprechfluß auf. Beides wird durch Verzögerungen in der Planung des Sprechens verursacht. Diese Verzögerungen und die entsprechenden Verzögerungserscheinungen sind unvermeidbar. Sie werden beim Hören als natürlich empfunden und toleriert. Die Toleranzgrenze ist von der Situation abhängig.

Das folgende Beispiel ist ein Gesprächsausschnitt. Es zeigt eine Fülle von Verzögerungserscheinungen, daneben auch die Rolle der Interjektionen. Insbesondere aber demonstriert es das Nebeneinander von inhalts- bzw. satzbaubestimmten Pausen und Verzögerungspausen.

5.22.

A: Na so schlecht is das schon nich /	1
B: wasn / mit der Nannen-	
A: nee / mit mit deinem Job meine ich jetzt / mit der	2
B: Schule / du willst	
A: Nannen-Schule das is nich so schlecht / das is einfach nur	3
B: wohl unbe /	
A: aussichtslos / das is / vollständig aussichtlos / wenn sich zehn-	4
B: ich würd das / aber /	
A: tausend Leute um fünfunddreißig Plätze bewerben / dann	5
B:	
A: kann man sich die / Prozentzahl ausrechnen /	6
B: also / erster Punkt	
A:	7
B: du weißt ja noch nich mal ob es zehntausend sind / vielleicht	
A: aber immerhin sind fünf Stellen nur	8
B: sind's fünftausend /	

A: angegeben / hhhhh /   bei dem nein / bei dem / bei
B: ja / fünf / fünf Stellen /

10 A: dem / äh / bei der / ä Registriernummer / wo ich tausend einhun-
     B:

11 A: dert noch was bin / das is fünfstellig / also ich bin Null Eins /
     B: ach

12 A: und so weiter /
     B: so /   na ja aber das heißt ja nich daß / alle fünf

13 A: na hoffentlich /
     B: Stellen ausgenutzt werden /   das is vielleicht aus

14 A: mhm /   mhm /
     B: den Vorjahren schon so / gang und gäbe und / und äh / das

15 A: mhm /
     B: muß ja nich heißen daß diesmal auch so viele sich beworben

16 A:
     B: habm / aber / sagen wer mal es sin fünftausend / das is

17 A:
     B: doch / ä / es sind einfach offenbar viele dabei die

18 A:
     B: wirklich / absolut ungeeignet sin un unter anderm /

19 A: un vielleicht bewerben sich je auch nich alle / ich nehme mal an
     B:

20 A: schon mit diesen / Voraussetzungen die man da erfüllen muß /
     B:

21 A: daß das vielen /   die Sache damit schon vergeht ja /
     B: genau das läuft /

22 A: denk ich mir /
     B: das wird vielen / zu viel Arbeit sein in sehr kurzer

23 A:
90 B: Zeit / und / wenn / manche Leute arbeiten gehn dann

A:	mhm mhm /	24
B: isses ja auch schwierig / dann am Abend noch so was		

A:		25
B: zu machen /		

Übung

Ü 45

Bestimmen Sie, welche der Pausen, die in die Verschriftung des Gesprächsausschnitts eingezeichnet worden sind, als inhalts- bzw. satzbaubestimmte Pausen und welche als Verzögerungspausen anzusehen sind. Hören Sie dazu die Aufnahme 5.2.2.! Notieren Sie in einer Liste alle weiteren Verzögerungserscheinungen!

Lösung 45 Seite 134

Lösung ←

Übung

Ü 46

Hören Sie die Aufnahme 5.23. mit einem weiteren Gesprächsausschnitt! Tragen Sie in die folgende Verschriftung dieses Gesprächsausschnitts alle auftretenden Pausen ein. Bestimmen Sie, welche Pausen inhalts- bzw. satzbaubestimmt sind und welche als Verzögerungspausen bewertet werden müssen! Notieren Sie auch hier in einer Liste alle weiteren Verzögerungserscheinungen!

5.23.

A: Aber wir wollten doch irgendwo wenn wir nich jemand	1
B:	

A: mitnehmm wollten wir doch irgendwohin fahrn wo wir	2
B:	

A: jemandn besuchen könn kennst du jemandn in Wien	3
B: genau	

A:	4
B: in Wien kenn ich niemanden ich kenn nur jemanden in	

A: London is natürlich	5
B: London un London wär	

A: mhm das mh mh	6
B: auch nich so schlecht muß ich mal so sagen	

A: ich och nich	7
B: und in England war ich noch nich un Englisch könn wir	

91

8   A: na du besser als ich glaubich
       B: ja einigermaßen

9   A:
       B: na ja ph nee och nich na also gut überlegen wir Wien

10   A: mhm
       B: oder London   auf alle Fälle mußich mußich zusehn

11   A: und ich muß zusehn wenn ich
       B: daß ich keen Dienst habe   und du mußt Urlaub nehm

12   A: los kann   ich ka ich kann doch glaubich keinen
       B: mhm

13   A: Urlaub nehm
       B: wieso du kannst doch nich Urlaub nehm

14   A: na   wenn ich in der Probezeit bin
       B: du bist noch in der Probezeit hä

15   A: kann ich noch keinn Urlaub habm
       B: Aber Sylvester is

16   A: na ja was is denn da bloß
       B: ja schon mal frei   wann is denn Sylvester dieses

17   A: bitte   ham wir doch gestern
       B: Jahr   was isn das fürn Tag

18   A: irgendwie schon mal festgestellt was war denn das
       B:

19   A: Freitag   Freitag
       B: Weihnachten is Freitag Sylvester is

20   A: is dann auch Freitag nö   na dann hätte man
       B: ja

21   A: mhm s reicht einfach nich
       B: n das is blöd   is Sylvester frei

22   A: Sylvester is glaubich ne arbeiten die da nich
92   B:

A: noch bis fuffzehn Uhr naja das wär	23
B: mhm mhm	

A: natürlich doof ich meine ich könnte fragen	24
B: mhm du mußt Urlaub nehm	

A: fragen ob ich Urlaub kriege weil die Leute	25
B: mhm	

A: es sind vielleicht auch nich so viele Leute dann da	26
B:	

A:	27
B: denke ich och vielleicht machen die überhaupt zu	

A:	28
B: zwischen Weihnachten und Sylvester meinst nich	

A: kann schon sein aber ich weiß ja noch nich was ich	29
B:	

A: in den ersten Monaten mache also ob ich da nich erst	30
B:	

A: wohin verschickt werde und so vielleicht kann ich	31
B: mhm mhm mhm	

A: überhaupt nich also das wär natürlich doof weil wir	32
B:	

A: n endlich mal wegfahrn wollten zusamm also	33
B: mhm mhm	

A: London un oder Wien könn wir ja erst mal festlegen	34
B:	

A:	35
B: na ich erkundige mich mal ich geh mal zu Reisebüros	

(Von den Sprecherinnen für die Veröffentlichung freigegeben.)

Lösung 46 Seite 136

Lösung ←

6 Bestimmung der Melodie für die Endphase der rhythmischen Gruppen

Im Abschnitt 2.3. hatten wir bereits die Endphase einer rhythmischen Gruppe bestimmt: Sie setzt unmittelbar vor dem letzten Wortgruppenakzent ein und reicht bis zum Ende der Gruppe. Ihre intonatorische Gestaltung ist für das Verstehen des Gesagten von ausschlaggebender Bedeutung. Für diese Endphase konnten drei Intonationsmuster beschrieben werden, die durch spezifische Melodieverläufe charakterisiert sind. Es handelt sich um die Intonationsmuster:

• Fallende Endmelodie,
• Steigende Endmelodie und
• Schwebende Endmelodie.

Zwischen diesen drei Mustern, die in jeweils verschiedenen Varianten realisierbar sind, können die Sprechenden wählen, um ihre Sprechabsicht bestmöglich zum Ausdruck zu bringen. Die Frage ist, was bestimmt ihre Wahl.

6.1. Die Beschreibung nach den Satzarten

In der wissenschaftlichen Literatur ist wiederholt versucht worden, die Verwendung der Melodieverläufe von der Satzart abhängig zu machen. Mit der Wahl der Satzart wäre dann auch die Melodie festgelegt worden. Das Schema hierfür war einfach. In der Syntax (Satzlehre) werden traditionellerweise drei Satzarten unterschieden:

• der *Aussagesatz,* zu ihm wird in der Regel auch der Ausrufesatz gezählt (wenn er emotionslos gesprochen wird);
• der *Aufforderungssatz* mit seiner Variante, dem Wunschsatz;
• der *Fragesatz,* der in zwei Formen auftritt,
    1. als Entscheidungsfrage, auch als Satz- oder Ja/Nein-Frage bezeichnet,
    2. als Ergänzungsfrage, auch als Wort- oder W-Frage (wegen der mit w beginnenden Fragewörter) bezeichnet.

Die Zuordnung der Melodieverläufe **geschah** wie folgt:

1. Die *fallende Endmelodie,* der allgemein die Signalisierung der Abgeschlossenheit eines Satzes zugeschrieben und die deshalb auch terminal (das Ende betreffend) genannt wird, ist zu verwenden
   - bei Aussage- und Ausrufesätzen,
   - bei Aufforderungs- und Wunschsätzen,
   - bei Ergänzungsfragen.

fallende Endmelodie

2. Die *steigende Endmelodie,* die auch als interrogativ (fragend) bezeichnet wird, ist zu verwenden
   - bei Entscheidungsfragen.

steigende Endmelodie

3. Die *schwebende Endmelodie,* die auch progrediente (fortschreitende) Melodie heißt, ist zu verwenden
   - bei nichtabgeschlossenen Sätzen, also bei rhythmischen Gruppen, die nicht am Ende eines Satzes stehen.

schwebende Endmelodie

Diese Zuordnung, die weithin die Beschreibung der deutschen Intonation für den Muttersprachunterricht und den Fremdsprachenunterricht Deutsch bestimmt hat, ist zwar nicht grundsätzlich falsch, sie ist aber zu einfach und entspricht deshalb nicht der Realität. Sie gilt am ehesten für das Vorlesen von sachlichen Texten. Beobachtungen und gezielte Untersuchungen zeigen, daß schon das Rezitieren, d. h. das künstlerisch gestaltende Sprechen von Dichtungen, davon abweicht. Das frei produzierende Sprechen im Gespräch, in einer Stegreifrede usw. weist demgegenüber so viele Regelverstöße auf, daß es auch als „regellos" bezeichnet werden könnte. Die Verstöße entstehen erstens dadurch, daß die Sätze an „Wohlgeformtheit" verlieren, worunter auch das Programm für die intonatorische Ausführung leidet. Erinnert sei hier an die im Abschnitt 5.3.1. angeführten sprachlichen Fehler wie Satzabbrüche, Wechsel der Satzkonstruktion usw. Zweitens aber wird aus Gesprächsaufnahmen deutlich, daß die Sprechenden mit der Intonation und speziell mit der Melodie kommunikative Signale aussenden, die über die Anzeige der Satzarten hinausreichen. Schon eine Analyse der beiden Gesprächsausschnitte im Abschnitt 5.3.3. läßt dies ohne Schwierigkeit erkennen. Die Annahme, daß die Melodieverläufe strikt an die Satzarten gekoppelt sind, kann also von uns nicht geteilt werden.

Elemente des frei produzierenden Sprechens

kommunikative Signale durch Melodieverläufe (Intonation)

Melodieverlauf nicht immer an Satzart gekoppelt

6.2. Ansätze für eine auf die Sprechwirkung bezogene Beschreibung

Trotz unserer Einwände gegen eine streng auf die Satzarten bezogene Beschreibung der Intonationsmuster und ihrer Melodie halten wir jedoch an Folgendem fest:

Melodiever-
läufe kenn-
zeichnen
Sätze als
Einheit

Beim Sprechen werden syntaktisch korrekt und auch fehler-
haft gebaute Sätze, daneben „Interjektionssätze", gebildet, die
durch die Intonation in allen Fällen als Einheiten des Sprechens (und Verstehens) gekennzeichnet werden, und zwar als
abgeschlossene oder als nichtabgeschlossene Einheiten. Die
Intonation, hauptsächlich die Melodie, kann auch dazu beitra-
gen, die kommunikative Aufgabe dieser Sätze, z. B. ihren Aus-
sage- oder Fragecharakter, deutlich zu machen.

Aufgaben
der Intona-
tion

Die *Melodisierung* ist also auch in unserer Betrachtung ein wichtiges
Mittel der Satzbildung. Sie ist aber nicht generell obligatorisch *für
die Signalisierung einer Satzart.* Sie ist einerseits durch andere Bil-
dungsmittel ersetzbar, und andererseits wird sie für Aufgaben benötigt, die durch sie am effektivsten gelöst werden können.

Für die Sprechenden ist die Bildung und Intonierung von Sätzen
kein Ziel, sondern nur ein Mittel zum Ziel. Sie haben eine Sprechabsicht und wollen sie verwirklichen. Ihre Ziele im Gespräch, in einer
Versammlung, in einer Rezitationsveranstaltung, in einer Sendung
der elektronischen Medien können z. B. sein:

Ziele des
Sprechen-
den

- über Gedankengänge, Sachverhalte oder Gegenstände zu infor-
  mieren;
- sich über Strittiges oder Zweifelhaftes auszutauschen;
- die Hörer zu Handlungen zu bewegen;
- soziale Kontakte zu pflegen und zu vertiefen;
- Emotionen und emotionale Bewertungen zu übermitteln.

Solche Ziele lassen sich nur erreichen, wenn ich bei der Planung und
Ausführung des Sprechens wenigstens auf folgendes achte:

Beim Spre-
chen beach-
ten!

- An wen wende ich mich? Welches Wissen kann ich bei meinem
  Partner voraussetzen? Wie ist mein Verhältnis zu ihm? Welches
  Verhältnis möchte ich zu ihm herstellen?
- In welcher Situation spreche ich? Wie sind die räumlichen und
  zeitlichen Bedingungen? Wie sieht der gesellschaftliche Rahmen
  aus, d. h., welche sozialen, politischen, wirtschaftlichen, kulturel-
  len Umstände werden die geplante Kommunikation beeinflussen?
- Welche sprachlichen Mittel und welche nichtsprachlichen Mittel
  (Mimik, Gesten, Kleidung, Vorzeigen von Gegenständen, Bildern
  usw.) kann ich nutzen?
- Was erwarten die Hörer von mir, von meinem Verhalten, meinem
  sprachlichen Ausdruck, meiner Haltung ihnen gegenüber?

Verwirkli-
chung der
Sprechab-
sicht

Die wirkungsvolle Umsetzung einer Sprechabsicht, in vielen Fällen
einer übernommenen Kommunikationsaufgabe (z. B. beim Verlesen
von Nachrichten, beim Halten einer Gedenkrede, beim Besuch im

Krankenzimmer), hängt von der Analyse der Umstände ab. Eine Verständigung ist nur möglich, wenn diese Analyse von den Sprechenden und Hörenden bzw. von den Gesprächsteilnehmern als ausreichend betrachtet wird. Wenn ich mich beispielsweise geistig unterfordert fühle, schalte ich einen anderen Fernsehkanal ein oder höre nicht mehr zu.

Eine solche Betrachtungsweise fragt also nach dem Verständigungswert sprachlicher Formulierungen und intonatorischer Formen. Die Wissenschaftsdisziplin, die sich hierauf orientiert, heißt *Pragmatik*. Sie will die Wirkungen des Sprechens erfassen und die Pragmatik Frage beantworten, auf welche Weise Sprechen bzw. sprachliche Kommunikation zu Veränderungen des Denkens, Fühlens und Handelns führt. Die Einheiten, die sie untersucht, werden als Äußerungen, nicht als Sätze bezeichnet. Dies ist notwendig, weil beispielsweise ein Aussagesatz nicht nur als Aussage, sondern in Abhängigkeit vom bereits vorliegenden Text oder der Situation auch als Bitte, als Warnung, als Drohung, als Frage, als ironische Feststellung usw. gebraucht werden kann. Der Bau dieser Sätze und das Problem der satzähnlichen Interjektionen tritt damit in den Hintergrund. Alles Geäußerte, das Wirkungen erzielen soll, ist – unabhängig von seiner Form – Gegenstand der Betrachtung. In diesem Sinne wird hier versucht, eine pragmatische Beschreibung der Intonation zu geben.

6.3. Leistungen des Melodieverlaufs

Die Möglichkeiten der Intonation werden beim Sprechen in mehrfacher Hinsicht genutzt. Dabei sind ihre Leistungen für das Verstehen des Geäußerten und die zwischenmenschliche Verständigung, also für das Erkennen dessen, was der Sprecher mit seiner Äußerung eigentlich meint, von unterschiedlicher Bedeutung. Auf der einen Seite hebt sie „nur" ein Wort als wichtig hervor, auf der anderen Seite kann sie maßgebend das Entstehen von Wirkungen beim Hörer beeinflussen.

In Bezug auf die Endphase der rhythmischen Gruppen sind der Melodie hauptsächlich vier Leistungen beizumessen. Es handelt sich um Leistungen, die sie zusammen mit den anderen intonatorischen Mitteln vollbringt: 4 Aufgaben der Melodie

1. Sie *kennzeichnet die Äußerungen* der Sprechenden *als Einheiten* des Sprechens und gibt damit den Hörenden vor, in welchen Abschnitten das Gesprochene zu verarbeiten ist. Sie signalisiert hier- kennzeichnet Äußerungen als Einheiten

des Sprechens
bei zusätzlich, ob der Sprechende eine Einheit als abgeschlossen oder als nichtabgeschlossen betrachtet wissen will. Diese Leistung betrachten wir als grundlegend. Wir haben sie deshalb wiederholt und erst im vorausgegangenen Abschnitt angeführt.

ist Mittel zum Ausdruck des emotionalen Zustands
2. Sie *kennzeichnet* den *Erregungszustand des Sprechenden.* Sie zeigt zusammen mit anderen Ausdruckserscheinungen (Stimmklang-, Tempo- und Lautheitsveränderungen, mimische Spannungen usw.) an, ob Äußerungen ruhig und erregungslos oder emotionalisiert und mit stärkerer Erregung gesprochen werden. Insofern wird sie von den Hörenden auch als Signal für Emotionen aufgefaßt. Betroffen sind zunächst die anregenden, dynamisierenden Emotionen wie Freude oder Zorn. Das sind diejenigen, die sich durch äußere Erregung kundtun. Sie führen zu einer höheren Stimmlage, insbesondere aber zu einer Vergrößerung des Melodiebereichs, zu längeren Gleitbewegungen der Melodie in den Akzentsilben und zu größeren Intervallen zwischen den Silben. Statt des Intonationsmusters „Normale Akzentuierung" wird in der Endphase der rhythmischen Gruppen meist das Intonationsmuster „Emotionale Akzentuierung" (vgl. Abschnitt 2.3.) genutzt. Die deprimierenden Emotionen wie Trauer, Entmutigung, Ängstlichkeit, Verunsicherung werden vom Hörer u. a. an der Verkleinerung des Melodiebereichs und der Tendenz zu monotoner Melodieführung erkannt. Die Akzentsilben werden nur schwach signalisiert. Die Lautheit ist gering und wird meist wenig modifiziert. Es wird langsam und zögernd gesprochen.

charakterisiert Satzarten
3. Sie trägt dazu bei, *Satzarten* zu *charakterisieren.* Dieser Beitrag ist jedoch vor allem beim frei produzierenden Sprechen kleiner als vielfach angenommen. Er muß in vielen Fällen nicht in Anspruch genommen werden. Dies kann am Aussage- bzw. Aufforderungssatz und an der Entscheidungsfrage verdeutlicht werden.

Aussage- und Aufforderungssätze können vom Hörer unter bestimmten Bedingungen auch dann als Aussagen oder Aufforderungen verstanden werden, wenn sie nicht mit fallender, sondern mit steigender oder schwebender Melodie gesprochen werden.

Solche Bedingungen sind u. a.:

- Die *Äußerung* ist *inhaltlich und von* der *Wortfügung her geschlossen.* Dies zeigt sich z. B. bei Floskeln oder formelhaften Wendungen: Guten Tag! Die Fahrkarten bitte!
- Die *Äußerung ist Teil einer Handlung oder* ist *in eine Handlung eingebettet.* Solche Fälle liegen etwa dann vor, wenn ein Meister seine Maschine abstellt und mit steigender Endmelodie „Pause" ruft. Hier und in ähnlichen Fällen verbietet es der Handlungsrahmen, Äußerungen als Fragen zu verstehen.

- Das *Gesprochene wird durch* Mimik und Gestik, also durch *Signale* in einem anderen „Sinneskanal" *gedeutet.* Wenn mir ein Kind seine Hand entgegenstreckt und mit schwebender Melodie „Zwanzig Pfennig" sagt, kann ich diese Äußerung nur als Bitte verstehen.
- Schließlich haben auch die phonetischen Bedingungen Gewicht. Eine Äußerung, die bei schwebender Melodie abgebrochen wird, weil der Sprecher kurzzeitig nicht weiter weiß, wird zwar als nichtabgeschlossen erkannt, gleichzeitig aber ermuntert sie die Partner, das Wort zu übernehmen. Es wird also davon ausgegangen, daß der Sprecher vorerst geendet hat.

Auch **Entscheidungsfragen** müssen nicht unbedingt in allen Fällen mit steigender Endmelodie gesprochen werden, damit sie als solche erkannt werden. Der *Fragecharakter* der Äußerung wird *oftmals* bereits *durch* den *Satzbau eindeutig* gekennzeichnet. Hierfür gibt es zwei Möglichkeiten:

- Das gebeugte Verb steht an der Spitze des Satzes: Kommst du? Können wir ihm helfen?
- Sätze mit normaler Wortstellung werden durch bestimmte Partikeln ergänzt: Du kommst doch? Du hast wohl Geld?

Für die Signalisierung von Entscheidungsfragen ist die *steigende Melodie* mit dem entsprechenden Intonationsmuster *nur in folgenden Fällen unabdingbar*:

- wenn die Verbstellung des Aussagesatzes gebraucht wird: Du kommst? Der Zug fährt jetzt?
- wenn die gesprochenen Sätze unvollständig sind: Du auch? Von hier?
- wenn an der Spitze des Satzes eines Verbform steht, die auch als Befehlsform gebraucht wird: Bezahlen Sie? Fahren Sie weg?

Bei der Kennzeichnung der Satzarten kann also auf die Melodie auch nach unserer Auffassung nicht vollständig verzichtet werden. Es gibt jedoch zahlreiche Fälle, in denen die Melodie nicht benötigt wird, um den Charakter einer Äußerung deutlich zu machen. Sie ist in solchen Fällen frei und kann für die Kundgabe anderer Mitteilungen, die in der Absicht des Sprechenden liegen, genutzt werden.

4. Die Melodie in der Endphase der rhythmischen Gruppen trägt dazu bei, den Hörenden gegenüber Einstellungen, den inneren Zustand, kundzugeben. Dies betrifft vor allem zwei Arten von Mitteilungen:

- Der Sprecher kann die Intonation, speziell die Melodie nutzen, um kundzutun, welchen Grad an Entschiedenheit und Nachdrücklichkeit er seiner Äußerung beimessen will. Als entschieden, entschlossen, streng wird eine Äußerung aufgefaßt, wenn das Intonationsmuster „Fallende Endmelodie" verwendet und mit tieffallender Melodie realisiert wird. Fällt die Melodie weniger tief oder wird gar das Intonationsmuster „Schwebende Endmelodie" bei Aussagen, Aufforderungen und Ergänzungsfragen eingesetzt, so gewinnen die Hörer den Eindruck, daß der Sprechende unsicher, unentschlossen, wankelmütig, zaghaft, verlegen ist. Für Psychiater ist fehlender Melodiefall bei Aussagen, verbunden mit leisem zögerndem Sprechen, geradezu ein Anzeichen für eine psychische Fehlhaltung.
- Die Melodie kann auch verwendet werden, um die soziale Beziehung zu charakterisieren. Wenn die Melodie in Aussagen, Aufforderungen und, sofern vom Satzbau her möglich, auch in Entscheidungsfragen immer nur mit dem Intonationsmuster „Fallende Endmelodie" realisiert wird, wird das Sprechen als sachbetont, distanzwahrend, vielleicht sogar als unfreundlich empfunden. Verwendet der Sprecher hingegen öfters das Intonationsmuster „Steigende Endmelodie" auch bei Aussagen, Entscheidungs- und Ergänzungsfragen, so werden seine Äußerungen als persönlich gemeint, kontaktbezogen aufgefaßt. Sie gelten dann als freundlich, verbindlich oder als warnend, drohend. Die anderen Intonationsmittel, der Stimmklang, die Mimik usw., wirken hierbei natürlich mit.

Abschließend ist festzustellen, daß insbesondere die Melodie in der Endphase der rhythmischen Gruppen vielfach erkennen läßt, welcher sprachlichen Herkunft der Sprecher ist. Verschiedene deutsche Dialekte und zahlreiche fremde Sprachen weisen in diesem Bereich charakteristische Besonderheiten auf. Ihre Verwendung liegt jedoch nicht in der Wahl der Sprechenden.

7 Fallende Endmelodie

Die fallende Endmelodie kann genutzt werden,
- wenn eine Äußerung ausdrücklich als abgeschlossen gekennzeichnet werden soll;
- wenn sie sachlich, informationsinteressiert und / oder entschieden bzw. streng wirken soll.

Wann wird sie eingesetzt?

Dies gilt für alle Satzarten. Ausgenommen sind lediglich diejenigen Entscheidungsfragen, die nur mit steigender Endmelodie als solche gekennzeichnet werden können (vgl. Abschnitt 6.3.).

7.1. Besonderheiten des Melodieverlaufs

Die *fallende Endmelodie* wird in fast allen Sprachen verwendet, um abgeschlossene Äußerungen und insbesondere Aussagen kenntlich zu machen. Jede Sprache hat jedoch ihre Besonderheiten. Für das Deutsche sind aufzuzählen:

1. Der *Melodiefall ist* das charakteristische *Merkmal* des Intonationsmusters „Fallende Endmelodie", das *für die Endphase* von rhythmischen Gruppen gebraucht werden kann. Die Endphase setzt, wie bereits beschrieben, unmittelbar vor der letzten Akzentsilbe der Gruppe ein und reicht bis zum Ende der Gruppe. Der Melodiefall beginnt im allgemeinen in der Satzakzentsilbe. Folgen eine oder mehrere akzentlose Silben, so erstreckt er sich über alle diese Silben.

Melodiefall in Endphase

2. Innerhalb des Intonationsmusters ist der Melodieverlauf nach der jeweiligen Akzentsilbe mit einer *Verringerung der Lautstärke und* einer *Verlangsamung des Sprechtempos* verbunden. Die Intonationsmuster (vgl. Abschnitt 2.3.) sind zugleich Muster des Spannungsverlaufs. In den akzentlosen Silben sinkt die Sprechspannung. Deshalb nehmen hier die Reduktionen von Lauten (Lautangleichungen, Lautauslassungen, Lautveränderungen) zu, obwohl das Sprechen gedehnt wird.

Verringerung von Lautstärke und Sprechtempo in Endphase

3. In der letzten Akzentsilbe der rhythmischen Gruppen ist das Intonationsmuster „Fallende Endmelodie" meist mit dem Intonations-

Kopplung von Melo-

diefall und
normaler
oder auch
emotionaler
Akzentuie-
rung in
Endphase

muster „Normale Akzentuierung" gekoppelt. Die Akzentsilbe wird hierbei mit vergleichsweise kleinen Lautheits-, Tempo- und Melodieveränderungen hervorgehoben. Es kann aber auch das Intonationsmuster „Emotionale Akzentuierung" eingesetzt werden. Die Akzentsilbe wird dann mit auffällig großer Melodiebewegung und größerer Lautheits- und Tempoveränderung charakterisiert.

Melodiefall bis Lösungstiefe

4. Die *fallende Endmelodie sinkt* im Deutschen *bis an die untere Grenze des Sprechstimmumfangs*. Das Erreichen dieser sogenannten *Lösungstiefe* ist für die Standardaussprache des Deutschen charakteristisch. Es unterscheidet sie von einigen deutschen Dialekten und Umgangssprachen. Insbesondere aber hebt es sie von zahlreichen anderen Sprachen ab.

Ü 47

Übung

Hören Sie die Aufnahme 7.1.! Sie bietet Ihnen eine deutsch-, eine englisch- und eine russischsprachige Äußerung an. Der Inhalt ist in allen drei Fällen der gleiche, nur wird im Russischen in dieser Äußerung der Singular gebraucht:

7.1.

Hier sind Briefe.   Here are letters.   Вот письмо.

Sprechen oder summen Sie diese Äußerungen nach! Versuchen Sie, die herausragenden Unterschiede zu erkennen und zu beschreiben!

Die folgenden Melodie- und Tonbruch-Notierungen zeigen, an welchen Stellen die drei Melodieverläufe voneinander abweichen.

deutsch	englisch	russisch

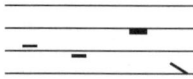  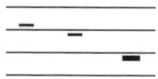

Hier sind /Brie\fe.   Here are /le\tters.   Вот пись\мо.

Im Deutschen fällt die Melodie bis an die untere Grenze des Sprechstimmumfangs. Im Englischen und Russischen erreicht sie diese Tiefe nicht. Im Englischen bemerken wir am Ende eine leichte Dehnung mit der Tendenz, die Melodie wieder nach oben zu führen. Im Russischen haben wir dagegen den Eindruck, daß zwischen der letzten, der Akzentsilbe, und der vorausgehenden Silbe ein musikalisches Intervall, etwa eine Quinte realisiert wird. Dieser Eindruck wird dadurch unterstützt, daß die Melodie in der Akzentsilbe eben, also ohne Steig- und ohne Falltendenz verläuft.
    Wenn wir den deutschen Satz mit englischer und russischer Melodieführung sprechen, gibt es zwar keine Verstehensprobleme,

doch hat man sofort den Eindruck, etwas Fremdes, Ungewohntes zu hören. Die Melodie- und Tonbruch-Notierungen zeigen folgendes Bild:

deutsche Intonation	engliche Intonation	russische Intonation

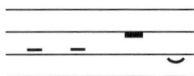

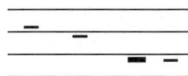

Hier sind /Brie\fe.   Hier sind /Brie\fe.   Hier sind \Briefe.

Übung

Ü 48

Hören Sie die Aufnahme 7.2.! In ihr wird der Satz „Hier sind Briefe." deutsch, englisch und russisch melodisiert. Summen oder sprechen Sie diese Äußerungen nach!
Melodisieren Sie dann noch in diesen drei Varianten folgende Sätze:
Er ist fleißig.
Komm doch später!
Wo ist Eva?
Das gefällt mir!
Versuchen Sie den Melodieverlauf dieser Sätze nachzuzeichnen!

7.2.

Die Aufnahme 7.3. bietet Ihnen den Satz „Sie war sparsam." erneut mit deutscher, englischer und russischer Melodisierung an. Die Äußerungen werden sehr langsam gesprochen, so daß die Besonderheiten des Melodieverlaufs noch einmal deutlich werden. Sprechen Sie die Äußerungen nach!

7.3.

Das Sinken der Endmelodie bis in die Lösungstiefe ist im Fremdsprachenunterricht Deutsch für viele Spracherlerner schwierig. Dies zeigt sich insbesondere dann, wenn die muttersprachlichen Intonierungsgewohnheiten einen solchen Melodieverlauf nicht kennen. Hör- und Nachsprechübungen, die wir in den folgenden Abschnitten anbieten, helfen nicht immer. Es bietet sich jedoch an, den Ausdruck von Emotionen zu nutzen. Bei sehr energischem Sprechen mit verärgertem oder sogar zornigem Unterton erreicht fast jeder Sprecher die untere Grenze seines Sprechstimmumfangs. Eine kräftig schlagende Geste oder das Schlagen auf den Tisch kann unter Umständen die Bemühungen intensivieren.

Übung

Ü 49

Hören Sie die Aufnahme 7.4. mit sehr entschieden und zornig hervorgebrachten Äußerungen! Sprechen Sie diese Äußerungen not-

falls mehrfach nach! Achten Sie auf den deutlichen Melodiefall
nach der Akzentsilbe!
Was machst du denn!
Das kann schlimm sein!
Jetzt verschwinde!
Sag die Wahrheit!
Ich verzichte!
Das ist Wahnsinn!
Versuchen Sie wieder den Melodieverlauf nachzuzeichnen!

7.2. Die fallende Endmelodie in rhythmischen Gruppen

Rhyth-
mische
Gruppen

Rhythmische Gruppen sind nach unserer Bestimmung (vgl. Abschnitt 2.3.) Gruppen von Silben und Wörtern, die wenigstens eine Akzentstelle haben. Ihre Struktur kann aber auch durch zwei oder mehr Wörter mit Akzent bestimmt sein. Für Übungen zum Melodieverlauf ist ferner von Bedeutung, wieviel akzentlose Silben die Akzentstellen umgeben. Wir gehen von rhythmischen Gruppen aus, die nach unserer Erfahrung verhältnismäßig leicht zu melodisieren sind, und steigern nach und nach den Schwierigkeitsgrad. Die zugehörigen Tonbandaufnahmen sowie die Melodie- und Tonbruch-Notierungen verdeutlichen für jede Übung das Besondere des Melodieverlaufs. Die Tonbandaufnahmen können jedoch nicht alle Beispiele demonstrieren. Hier sind Sie zu selbständiger Arbeit aufgefordert.

Ryhthmische Gruppen mit einer Akzentstelle sowie einer Vor- und einer Nachakzentsilbe

normale
Akzentuie-
rung

• Wenn das *Intonationsmuster „Normale Akzentuierung"* mit kleineren Lautheits- und Tempoveränderungen angewendet wird, hat der Melodieverlauf folgende Form:

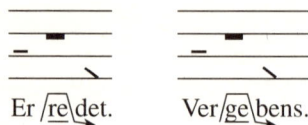

Er /re\det.   Ver/ge\bens.

Ü 50   Übung

Hören Sie die Aufnahme 7.5., und sprechen Sie nach:
Vergebens. Wer war das? Vertraut uns!
Verstehst du? Wann kommt er? Au weia. Na sowas!

- Wird das *Intonationsmuster „Emotionale Akzentuierung"* benutzt, so wird nicht nur der Bereich der Melodiebewegung in der Akzentsilbe größer, sondern auch die Lautheit. Zusätzlich wird diese Silbe meist stärker gedehnt. In der Akzentsilbe kann es zu deutlicheren Gleitbewegungen der Melodie kommen. Der Verlauf sieht folgendermaßen aus:

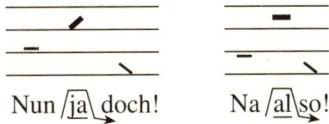

Nun /ja\ doch!   Na /al\so!

Übung

Hören Sie die Aufnahme 7.6., und sprechen Sie nach:
Nun ja doch! Na also! Wie prächtig! Beeilt euch!
Warum denn! Jetzt reicht's mir! Auch das noch! Juchheißa!

Ü 51

7.6.

Rhythmische Gruppen mit einer Akzentstelle und zwei oder mehreren Vor- und Nachakzentsilben

- *Bei zwei oder mehreren Vor- bzw. Nachakzentsilben sinkt* die *Melodie* sowohl vor als auch nach der Akzentsilbe kontinuierlich und *gleichmäßig ab*, bei zwei Silben stärker, bei mehreren Silben weniger stark. Vorakzentsilben liegen dabei meist im unteren Sprechbereich oder etwas höher. Die Lösungstiefe wird nicht erreicht. Der Melodieverlauf hat je nach der Akzentuierung („Normale Akzentuierung" oder „Emotionale Akzentuierung") unterschiedliche Form:

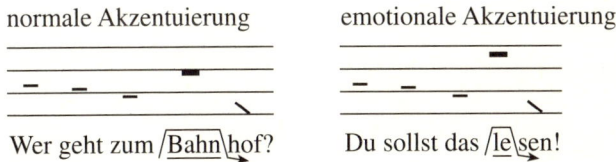

Absinken gleichmäßig auf Silben verteilt

normale Akzentuierung   emotionale Akzentuierung

Wer geht zum /Bahn\hof?   Du sollst das /le\sen!

Übung

Hören Sie die Aufnahme 7.7., und sprechen Sie nach! Verwenden Sie für alle Beispiele die Muster „Normale Akzentuierung" und „Emotionale Akzentuierung":

Wer geht zum Bahnhof? Du sollst das lesen! Wer kann mir helfen? Ihr dürft hier nicht schlafen! Wir wollten doch fahren! Aber das kann doch nicht wahr sein!

Ü 52

7.7.

105

- *Bei mehreren Nachakzentsilben sinkt* die *Melodie* kontinuierlich *bis in* die *Lösungstiefe*. Setzt der Melodiefall sehr hoch ein (bei „Emotionaler Akzentuierung"), so ist der Abfall in der ersten Nachakzentsilbe am stärksten. Bei „Normaler" und „Emotionaler Akzentuierung" hat der Melodieverlauf folgende Form:

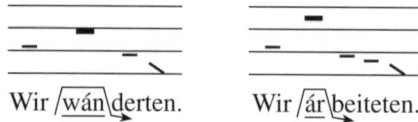

Wir /wán\derten.   Wir /ár\beiteten.

Ü 53   Übung

Hören Sie die Aufnahme 7.8., und sprechen Sie nach! Verwenden Sie für alle Beispiele die Muster „Normale Akzentuierung" und „Emotionale Akzentuierung":

7.8.

Wir wanderten. Wir arbeiteten! Ich kann jetzt nicht! Was hast du denn nur? Ach du meine Güte! Deine Ruhe möchte ich haben!

Rhythmische Gruppen mit einer Akzentstelle und fehlenden Vor- oder/und Nachakzentsilben

Spitzenstel-
lung von
Akzentstel-
len bei emo-
tionalisier-
ter Äuße-
rung

- *Akzentstellen,* die *an der Spitze von rhythmischen Gruppen* stehen, sind oft *für stark emotionalisierte Äußerungen charakteristisch.* Das akzentuierte Wort befindet sich hier in der sogenannten Ausdrucksstelle des Satzes, auch wenn dieses Wort mit akzentlosen Silben beginnt. Fehlende Vorakzentsilben haben auf den Melodieverlauf in der Akzentsilbe verhältnismäßig wenig Einfluß. Die Melodie setzt in der Akzentsilbe an, beim Muster „Normale Akzentuierung" im mittleren Sprechbereich, beim Muster „Emotionale Akzentuierung" im oberen Sprechbereich. Der Melodieverlauf sieht wie folgt aus:

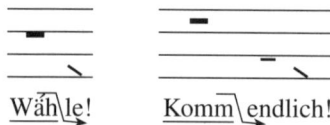

Wäh\le!   Komm\endlich!

Ü 54   Übung

Hören Sie die Aufnahme 7.9. und sprechen Sie alle Beispiele erst mit normaler, dann mit emotionaler Akzentuierung!

7.9.

Wähle! Komm endlich! Hallo! Aua! Rate doch mal! Leise sein, zum Donnerwetter!

- *Fehlen die Nachakzentsilben,* so muß der *Melodiefall in der Ak-* *zentsilbe realisiert* werden. Dies ist wenig problematisch, wenn diese Silbe einen langen Vokal hat oder auf Nasallaute bzw. L oder R endet. Hat sie einen kurzen Vokal oder endet sie auf stimmlose Konsonanten, so kann das Fallen der Melodie nur angedeutet werden. Die Verringerung der Lautstärke am Ende der Silbe wirkt dann als zusätzliches Signal. Dies gilt auch für Äußerungen, die aus einem einsilbigen Wort bestehen. Der Melodieverlauf hat je nach Akzentuierung (normal oder emotional) folgende Form:

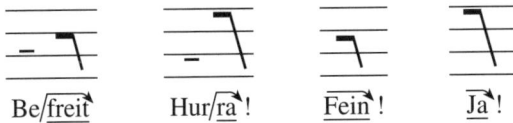

Be/freit̄   Hur/ra̅!   Fein̄!   Ja̅!

Übung   Ü 55

Hören Sie die Aufnahme 7.10., und sprechen Sie! Verwenden Sie für alle Beispiele die Muster „Normale Akzentuierung" und „Emotionale Akzentuierung":

Befreit! Hurra! Gib Gas! Ich habe sie besucht. Du gehst jetzt auf den Markt!   7.10.

Übung   Ü 56

Hören Sie die Aufnahme 7.11.! Sprechen Sie die Beispiele zunächst mit normaler, dann mit emotionaler Akzentuierung:

Fein! Ja! Nein! He! Gut! Schau!   7.11.

Rhythmische Gruppen mit zwei oder mehr Akzentstellen

Bei mehreren Akzentstellen liegt die erste Akzentsilbe melodisch am *höchsten.* Die folgenden Akzentsilben liegen jeweils tiefer, so daß sich eine fallende Treppe ausbildet (vgl. Abschnitt 2.3.). Die zwischen den Akzentstellen liegenden akzentlosen Silben folgen diesen bei ruhiger Sprechweise mit leicht fallender Tendenz. Vor den Akzentstellen kann die Melodie aber auch kurzzeitig steigen und zur melodisch tieferen Akzentsilbe einen Kontrast aufbauen. Wird das Muster „Emotionale Akzentuierung" verwendet, dann liegt die letzte Akzentsilbe am höchsten. Der Melodieverlauf hat bei normaler und bei emotionaler Akzentuierung folgende Form: 107

/Borgen macht Sor\gen!   Ge/winn wagt /al\les!

Ü 57   **Übung**

Hören Sie die Aufnahme 7.12., und sprechen Sie! Verwenden Sie für alle Beispiele in der letzten Akzentstelle die beiden Muster „Normale" und „Emotionale Akzentuierung":

7.12.

Borgen macht Sorgen! Gewinn wagt alles! Das Glück hat seine Launen! Gewalt gibt kein Recht! Abends wird der Faule fleißig! Alt an Jahren hat viel erfahren!

8 Steigende Endmelodie

Die steigende Endmelodie wird eingesetzt,

- wenn eine Äußerung als abgeschlossen und gleichzeitig als Frage gekennzeichnet werden soll;
- wenn sie persönlich wirken und demonstrativ die Kontaktaufnahme signalisieren soll.

Wann wird sie eingesetzt?

Das gilt für Entscheidungs- und Ergänzungsfragen, auch für Aussage-, Ausrufe- und Wunschsätze, insbesondere wenn sie kürzer sind und der Informationscharakter nicht schon durch die Entschiedenheit und Ausgedehntheit der sprachlichen Formulierung im Vordergrund steht.

8.1. Zur Wirkung und Leistung der steigenden Endmelodie

Die *steigende Endmelodie entspringt* offenbar einer *gezielten Partnerhinwendung des Sprechers.* Wer seinem Hörer unverwechselbar kundtun will, daß er in erster Linie an dem Kontakt gerade ihm gegenüber interessiert ist, tendiert dazu, die steigende Endmelodie zu verwenden. Dabei kann die Kontaktaufnahme positiv sein und Freundlichkeit, Liebenswürdigkeit, Höflichkeit ausdrücken. In der Absicht des Sprechers kann es aber beispielsweise auch liegen, durch Bitte, Demut, Unterwürfigkeit eine gewisse Abhängigkeit und Unterordnung zu dokumentieren. Solche Kontaktbezogenheit kann aber auch einen entgegengesetzten Charakter haben und als Warnung, Drohung, Einschüchterung erscheinen. Sie wirkt dann als Versuch, Abhängigkeit oder Unterwerfung zu erzielen. Die Situation, insbesondere die sozialen Beziehungen zwischen den Partnern, ermöglicht es, jede Äußerung mit steigender Endmelodie eindeutig so zu interpretieren, wie es der Absicht des Sprechers gemäß ist. Außerdem enthält jedes Ausdrucksverhalten neben den sprachlichen Elementen zusätzliche Anhaltspunkte (z. B. Stimmklang, Haltung, Gestik, Mimik), so daß eine Fehldeutung ausgeschlossen ist.

steigende Endmelodie bei gezielter Partnerhinwendung

109

Die geschilderten Sprechabsichten sind nicht mit einer bestimmten Satzart verknüpft. Sie können in Aussage-, Frage- und Aufforderungssätzen verwirklicht werden. *Die steigende Endmelodie ist* folglich auch *nicht an eine bestimmte Satzart gebunden.* Sie muß jedoch immer dann als Merkmal der Frage benutzt werden, wenn aus dem Satzbau nicht hervorgeht, daß die Äußerung als Frage zu verstehen ist. Der Fragecharakter wird besonders dann deutlich, wenn die Silbe mit dem Wortgruppenakzent tiefer liegt als die vorausgehenden und nachfolgenden Silben, d. h. wenn ein fallender Tonbruch vor und ein steigender Tonbruch nach der Akzentsilbe vorliegt (zur Notation vgl. 2.2.):

an keine
Satzart ge-
bunden

> Du \auch/? Erst \heu/te? Der Zug \fährt/ jetzt?

Die steigende Endmelodie kann aber nicht jede grammatische Form oder Wortfolge zu einer fragenden Äußerung machen. In folgenden Fällen wirkt sie nicht als Fragesignal, sondern *erzeugt Nebenbedeutungen* (vgl. Tonaufnahme 8.1.):

steigende
Endmelodie
mit Neben-
bedeutun-
gen

8.1.

1. Aufforderungen mit Befehlsformen werden durch steigende Endmelodie in ihrem Aufforderungscharakter verstärkt:
   War/te! Sieh \her/!

2. Äußerungen mit Verbformen in der 1. Person Singular Präsens und der 1. Person Plural Präsens erhalten durch die steigende Endmelodie den Charakter der Zusicherung:
   Ich \kom/me. Ich \re/de bestimmt mit ihm. Du kannst sicher sein, wir er\war/ten dich.

Da der soziale und sprachliche Kontakt vielfach durch das Fragen erhalten und vertieft wird, ist es verständlich, daß die steigende Endmelodie vor allem in dieser Äußerungsform auftritt. Dies gilt besonders dann, wenn eine starke Partnerhinwendung erforderlich ist oder signalisiert werden soll. Als Beispiele nennen wir folgende Konstellationen (vgl. Tonaufnahme 8.2.):

8.2.

1. Der Sprecher will seine Abhängigkeit von der Entscheidung oder dem Geschmack des Befragten zeigen:
   Ge\fällt/ dir meine Arbeit? Wie ge\fällt/ dir meine Arbeit?

2. Sorgen oder Befürchtungen sollen vom Angesprochenen zerstreut werden:
   Wie \fühlst/ du dich? Fühlst du dich nicht \gut/?

3. Der Sprecher erwartet, daß seine Hoffnungen oder Erwartungen bestätigt werden:

   Kommst/ du heute? Wann \kommst/ du denn?

4. Es soll an den Partner appelliert werden:
Kannst du das nicht ver\ste/hen? Ver\stehst/ du das nicht?

5. Der Sprecher will mit einer demonstrativen Partnerhinwendung Interesse bekunden:
Wie \war/ denn das gestern? Hast du gestern Er\folg/ gehabt?

Die Beispiele zeigen, daß die steigende Endmelodie sowohl für Entscheidungsfragen als auch für Ergänzungsfragen genutzt werden kann. Beide Frageformen können als Informationsfragen verwendet werden. Allerdings ist der Informationscharakter bei Ergänzungsfragen stärker. Nach unserer Beobachtung werden Ergänzungsfragen besonders auch dann mit der steigenden Endmelodie signalisiert, wenn der Partner zu einer ausführlichen Antwort oder zu längeren Ausführungen bewegt werden soll:
Wie geht das eigentlich \vor/ sich? Wie \geht/ es dir? Was \machst/ du jetzt?

8.3.

8.2. Die steigende Endmelodie in rhythmischen Gruppen

Während das Intonationsmuster „Fallende Endmelodie" den Deutschlernenden zahlreiche, von der Ausgangssprache abhängige Schwierigkeiten bereitet, ist das normalerweise bei dem Muster „Steigende Endmelodie" nur selten der Fall. Mitunter wird der Melodieanstieg etwas übertrieben. Dies wird aber meist nicht als Fehler, sondern als Ausdruck gesteigerter Emotionalität gedeutet. Die Vergrößerung des Melodiebereichs und des Melodieanstiegs ist in der Tat das wichtigste Merkmal einer emotionalen Akzentuierung. Nach unserer Erfahrung muß dieses Merkmal nicht gesondert demonstriert werden.

starker Melodieanstieg = wichtigstes Merkmal emotionaler Akzentuierung

Ebenso muß das Auftreten von zwei oder mehr Akzentstellen in einer rhythmischen Gruppe nicht gesondert geübt werden. Der Melodieverlauf entspricht dem, was hierzu im Abschnitt 7.2. demonstriert worden ist. Wir können uns folglich auf eine Akzentstelle konzentrieren. Sie ist der Kern des Intonationsmusters. Für die Melodisierung ist bedeutsam, ob akzentlose Silben vor oder nach der Akzentsilbe vorhanden sind. Probleme treten vor allem auf, wenn Nachakzentsilben fehlen.

Rhythmische Gruppen mit je einer akzentlosen Silbe vor und nach der Akzentstelle

Der Melodieverlauf hat folgende Form (vgl. S. 112):

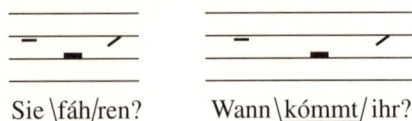

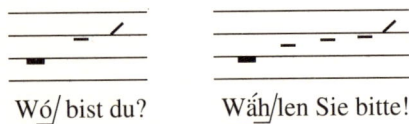

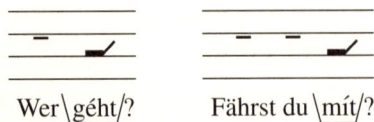

Sie \fáh/ren?   Wann \kómmt/ ihr?

Ü 58   Übung

8.4.

Hören Sie die Aufnahme 8.4. und sprechen Sie nach:

Sie fahren? Wann kommt ihr? Das geht so? Mach weiter! Ich zahle. Wieso denn? Gestatte! Einen Moment bitte.

Rhythmische Gruppen ohne Vor- und mit zwei oder mehr Nachakzentsilben

Der Melodieverlauf hat folgende Form:

Wó/ bist du?   Wäh/len Sie bitte!

Ü 59   Übung

8.5.

Hören Sie die Aufnahme 8.5. und sprechen Sie nach:

Wo bist du? Wählen Sie bitte! Arbeitest du heute? Lach doch nicht! Rate mal! Zeichnest du gern? Kennst du mich denn nicht? Redet nicht so viel!

Rhythmische Gruppen ohne akzentlose Silbe nach der Akzentstelle

Der Melodieverlauf hat folgende Form:

Wer \géht/?   Fährst du \mít/?

Übung

Hören Sie die Aufnahme 8.6., und sprechen Sie nach:

Wer geht? Fährst du heim? Gib Gas! Bleiben Sie hier? Trinken Sie noch Tee? Wann holst du das Rad?

8.6.

Rhythmische Gruppen ohne Vor- und Nachakzentsilbe

Der Melodieverlauf sieht folgendermaßen aus:

Fei/n!   Schá/ŭ!

Übung

Hören Sie die Aufnahme 8.7., und sprechen Sie nach:

Fein! Schau! Komm! Wie? Schön! Hier?

8.7.

9   Schwebende Endmelodie

Kennzeich-
nung von
Nichtabge-
schlossen-
heit
Die *schwebende Endmelodie wird genutzt, um rhythmische Gruppen
als nichtabgeschlossen zu kennzeichnen.* Der Sprechende signalisiert
mit dieser Melodie, daß seine Äußerung unvollständig ist und nach
einer Pause fortgesetzt wird. Die Fortsetzung kann den Abschluß
bringen. Es ist aber auch möglich, daß der Abschluß erst nach zwei
oder mehr rhythmischen Gruppen angezeigt wird.

9.1. Besonderheiten der schwebenden Endmelodie

Im Fremdsprachenunterricht Deutsch bereitet der Gebrauch dieser
Melodieform weniger Schwierigkeiten als der der fallenden und der
steigenden Endmelodie. Dennoch sind einige Besonderheiten zu beachten:

Kopplung
mit Laut-
heits- und
Tempoän-
derung
1. Die *schwebende Endmelodie ist innerhalb des* entsprechenden *Intonationsmusters mit Lautheits- und Tempoveränderungen gekoppelt.* Die Lautheit wird verringert und das Tempo verzögert. Auffällig ist vor allem die Dehnung der letzten Silbe oder der letzten
Silben. Sie kann so stark und ihr Signalwert so groß sein, daß sie
von den Hörenden auch dann als gliedernd empfunden wird,
wenn vom Sprecher keine Pause realisiert wird.

Neuansatz
als Gliede-
rungssignal
2. Die *schwebende Endmelodie wirkt* vor allem *durch* den sogenannten *Neuansatz als Gliederungssignal.* Endet eine rhythmische
Gruppe mit schwebender Melodie, so setzt die Melodie der folgenden Gruppe oft deutlich tiefer ein. Die Gliederungsstelle wird
auf diese Weise durch einen Bruch im Melodieverlauf gekennzeichnet. Man spricht in solchen Fällen von einem Neuansatz. Zusammen mit den sprachlichen Mitteln (z. B. Ende eines Satzgliedes oder eines inhaltlichen Elements) kann auch diese Markierung so stark wirken, daß der Hörer eine Pause zu hören
vermeint, selbst wenn keine Pause da ist.

schwebend
→ von Ak-
zentstelle an
3. Die Melodie dieses Intonationsmusters wird als schwebend bezeichnet, weil sie weder eindeutig sinkt noch eindeutig steigt. Sie
bleibt auf erkennbare Weise „in der Schwebe". Sie hat *von der Ak-*

zentstelle an leicht fallende oder leicht steigende oder ebene Verlaufsrichtung. Steigt die Melodie an, so entsteht eine Ähnlichkeit mit dem Melodieverlauf des Intonationsmusters „Steigende Endmelodie". Dennoch wirkt die schwebende Endmelodie niemals als „Fragemelodie". Zur melodischen Kennzeichnung einer Frage gehört es, daß die Akzentstelle in der Endphase der rhythmischen Gruppe durch eine deutlich fallend-steigende Melodie ausgezeichnet wird. Die Satzakzentsilbe liegt hier melodisch also immer tiefer als die Vor- und die Nachakzentsilben. Im Intonationsmuster „Schwebende Endmelodie" dagegen fehlt ein solcher doppelter Tonbruch.

leicht steigende, fallende oder ebene Verlaufsrichtung

4. Die Verwendung der *schwebenden Endmelodie ist unabhängig von der Satzart.* Ob eine Äußerung als Aussage oder Frage verstanden werden soll, ist aus der melodischen Gestaltung der rhythmischen Gruppe, die mit der schwebenden Endmelodie als nichtabgeschlossen gekennzeichnet wird, nicht zu erkennen. Wenn Wortwahl und Satzbau keine Hinweise enthalten, kann eine solche Entscheidung erst am Schluß der Äußerung getroffen werden.

unabhängig von Satzart

5. Zahlreiche Sprecher neigen beim frei produzierenden Sprechen dazu, mehrere oder auch viele rhythmische Gruppen mit dem Intonationsmuster „Schwebende Endmelodie" aneinanderzureihen. Ein Grund hierfür kann die Furcht sein, daß ihnen bei einem Abschluß die Sprecherrolle streitig gemacht wird. Bei manchen Sprechern liegt die Ursache auch darin, daß es ihnen an sprecherischer Erfahrung fehlt. Ist diese Art der Melodisierung aber mit anderen Hinweisreizen (z. B. leises, zögerndes Sprechen) gekoppelt, dann entsteht der Eindruck, daß der Sprecher unsicher ist und entschiedenen Aussagen ausweicht. Es wird also ein gewisser Wechsel zwischen dem Intonationsmuster „Schwebende Endmelodie" und den beiden anderen möglichen Intonationsmustern erwartet. Dabei reagiert der Hörer auch auf die Realisierung des Musters „Schwebende Endmelodie". Ein leichtes Steigen wirkt offenbar freundlich, eine Tendenz zu fallender Melodie eher sachlich. Für den Unterricht aber können diese Unterschiede vernachlässigt werden.

9.2. Die schwebende Endmelodie in rhythmischen Gruppen

Nichtabgeschlossene rhythmische Gruppen sind immer Teile von Äußerungen und können deshalb auch nur innerhalb von Äußerungen geübt werden. Von Bedeutung ist auch hier, in welchen Silben

115

der Verlauf der Endmelodie in der jeweils ersten, der nichtabgeschlossenen rhythmischen Gruppe realisiert werden kann. Außerdem demonstrieren wir Varianten mit und ohne Neuansatz.

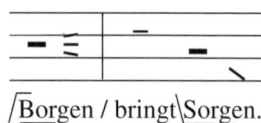

Rhythmische Gruppen mit einer Nachakzentsilbe

Die Endmelodie kann leicht steigend, eben oder leicht fallend vor allem in der letzten Silbe der ersten rhythmischen Gruppe sehr deutlich realisiert werden. Mit der jeweiligen Melodieform werden Nebenbedeutungen oder Einstellungen angezeigt, mit leicht fallender Melodie z. B. Nachdenklichkeit. Der Melodieverlauf hat folgende Form:

Mit Neuansatz   Ohne Neuansatz

/Borgen / bringt /Sor\gen.   /Borgen / bringt\Sorgen.

Ü 62

Übung

Hören Sie die Aufnahme 9.1.! Sprechen Sie alle Beispiele mit und ohne Neuansatz! Zeichnen Sie dann die Melodieverläufe auf!

9.1.

Borgen bringt Sorgen.
Alte Freundschaft ist bald erneuert.
Des Talers Geheimnis sitzt im Pfennig.
Wem ich gefalle, dem bin ich schön genug.
Großtun ist keine Kunst.
Schönes Gefieder, schlechte Lieder.
Es ist leicht raten, wenn man selbst nicht in Gefahr ist.
Jeder Töpfer lobt sein Geschirr.

Rhythmische Gruppen mit zwei oder mehreren Nachakzentsilben

Auch bei zwei und mehr Nachakzentsilben besteht die Möglichkeit, die gewählte Melodievariante sehr deutlich vorzuführen. Der Melodieverlauf sieht folgendermaßen aus:

Mit Neuansatz

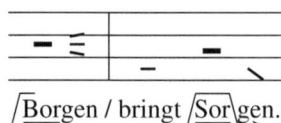

116   Gute /Lehrlinge / werden gute /Meis\ter.

Ohne Neuansatz

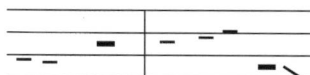

Wer /allen helfen will, / hilft \niemand.

Übung

Hören Sie die Aufnahme 9.2.! Sprechen Sie alle Beispiele mit und ohne Neuansatz! Versuchen Sie dann, die Melodieverläufe aufzuzeichnen!

Gute Lehrlinge werden gute Meister.
Wer allen helfen will, hilft niemand.
Mancher ist gelehrt genug, aber nicht geschickt genug.
Wer allen Leuten das Maul stopfen will, braucht viel Lumpen.
Auch dem besten Hirten frißt der Wolf ein Schaf.
Es geschieht viel unter der Sonne, was kluge Leute nicht verstehen.
Die Stadt ist gut, sagte der Bauer, aber die Leute taugen nichts.

9.2.

Rhythmische Gruppen ohne Nachakzentsilben

Da die Endmelodie nur in der Akzentsilbe realisiert werden kann, besteht nur bei langem Vokal und stimmhaften Konsonanten in dieser Silbe die Möglichkeit, eine leicht fallende, ebene oder leicht steigende Melodie anzudeuten. Der Melodieverlauf hat folgende Form:

Mit Neuansatz   Ohne Neuansatz

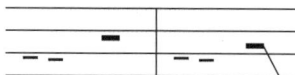

Gutes /Mehl, / gutes /Brot\.   Jedes /Meer / hat seine \Ufer.

Übung

Hören Sie die Aufnahme 9.3! Sprechen Sie alle Beispiele mit und ohne Neuansatz! Zeichnen Sie dann die Melodieverläufe auf!

Gutes Mehl, gutes Brot.
Jedes Meer hat seine Ufer.
Eine schöne Frau will jeder küssen.
Der Teil ist oft mehr als das Ganze.
Wer nicht liest, der lebt nicht.
Im Meer ertrinkt kein Fisch.
Mit Speck fängt man Mäuse.
Ein kurzes Lied ist bald gesungen.

9.3.

Ü 65   **Übung**

Sprichwörter gelten als Volksweisheiten. Manche Sprichwörter widersprechen aber mindestens teilweise unserer Erfahrung. Notieren Sie aus den letzten drei Übungen diejenigen Beispiele, deren Aussage Sie anzweifeln würden!

Versuchen Sie dann, einige davon als Fragen zu sprechen! Benutzen Sie hierfür in der jeweils zweiten rhythmischen Gruppe das Intonationsmuster „Steigende Endmelodie" als Kennzeichen für eine Frage! Hören Sie einige Beispiele in der Aufnahme 9.4.!

9.4.   Die Melodieform sieht folgendermaßen aus:

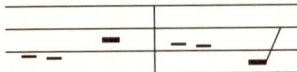

Gutes /Mehl, / gutes \Brot/?

10 Übungen mit Texten

Als Beispiele für weiterführende Übungen bieten wir Ihnen in den
Aufnahmen 10.1.–10.7. eine Reihe gesprochener Texte an, deren
Wortlaut im folgenden notiert ist. Da wir jedoch die Intonations-
transkription üben wollen, verzichten wir hier auf die Interpunktion
und die Großschreibung der Satzanfänge. Erst in den Lösungen werden diese Texte korrekt wiedergegeben.

Aufnahme 10.1.

10.1.

Ein Mann hatte sich beim Schneider eine Hose bestellt die Hose
wurde und wurde nicht fertig endlich nach einem Monat war es soweit beklagt sich der Kunde Gott hat die Welt in sechs Tagen erschaffen und Sie brauchen für ein Paar Hosen einen vollen Monat
sehen Sie sich doch die Welt an entgegnete der Schneider und dann
betrachten Sie diese Hose

(Aus: Von armen Schnorrern und weisen Rabbis. Berlin 1981, Verlag
Volk und Welt)

Aufnahme 10.2.

10.2.

Ein geistesgegenwärtiger Geselle
der französische König Ludwig der Elfte war ein treuloser und launi-
scher Mensch weil er in seinem Leben manche Gewalttat befohlen
hatte quälte ihn je älter er wurde die Furcht vor Rache und überall
vermutete er Hinterlist und Verrat in seiner Angst war ihm ein Mann
hochwillkommen der behauptete aus den Sternen zukünftige Geschehnisse ablesen zu können dieser war nun freilich so vorsichtig
sich recht allgemein auszudrücken während der König alles sehr genau wissen wollte da Ludwig sich in seinen Erwartungen getäuscht
sah beschloß er den Sterndeuter beseitigen zu lassen er war sich seiner Sache freilich nicht ganz sicher und wollte daher noch eine letzte
Probe mit ihm anstellen arglistig fragte er bleibst du dabei daß du
die Zukunft genau voraussagen kannst der Sterndeuter erwiderte
Majestät so ist es der König forschte weiter nun dann möchte ich
jetzt von dir wissen wann du sterben wirst der Gefragte erkannte die
Gefahr die ihm drohte einen Augenblick nur besann er sich acht
Tage vor Ihnen Majestät antwortete er dann und rettete so sein Leben.

119

(Verfasser unbekannt, übernommen aus: Stock, E., und Zacharias, C., Deutsche Satzintonation. Leipzig 1971)

Aufnahme 10.3.

10.3.

Jedesmal wenn ein Mensch einem anderen etwas sagt liegt ein Sprechakt vor der Sprechakt ist immer konkret findet an einem bestimmten Orte und zu einer bestimmten Zeit statt er setzt voraus einen bestimmten Sprecher einen „Sender" einen bestimmten Angesprochenen einen „Empfänger" und einen bestimmten Sachverhalt worauf er sich bezieht alle diese drei Elemente Sender Empfänger und Sachverhalt wechseln von einem Sprechakt zum anderen der Sprechakt setzt aber noch etwas voraus damit der Angesprochene den Sprecher versteht müssen beide dieselbe Sprache beherrschen … im Gegensatz zum immer einmaligen Sprechakt ist die Sprache oder das Sprachgebilde etwas Allgemeines und Konstantes das Sprachgebilde besteht im Bewußtsein aller Mitglieder der gegebenen Sprachgenossenschaft und liegt unzähligen konkreten Sprechakten zugrunde … ohne konkrete Sprechakte würde auch das Sprachgebilde nicht bestehen

(aus: N. S. Trubetzkoy: Grundzüge der Phonologie. Göttingen 1958, Vandenhoeck und Ruprecht)

Aufnahme 10.4.

10.4.

<u>Schwäne</u>

Einmal war ich
mitten im Märchen
an einem stillen
grauen Herbsttag

den Rücken gebeugt
übers Blumenbeet
höre ich plötzlich
das nie Gehörte

dunkles schweres Rauschen
von Schwanenflügeln
die sechs Schwäne fliegen
auf und davon

wer wird nicht sprechen
nicht lachen sechs Jahr
Sternblumen vernähen
verleugnen sich gar

120

(Bettina Wendt, unveröffentlicht)

Aufnahme 10.5.

S. hat beschlossen sich einen Hund zu kaufen und geht in eine Tier-
handlung interessiert betrachtet er einen Neufundländer was kostet
der Hund hundertfünfzig Mark S. deutet auf einen schlanken Dobermann und dieser hundertachtzig da fällt sein Blick auf einen Foxterrier na und der da zweihundertfünfzig Mark und dieser Zwergpinscher ist der etwa noch teurer ja vierhundert Mark da schlägt sich S.
an die Stirn und fragt sagen Sie lieber Mann was kostet denn bei
Ihnen gar kein Hund

(Aus: Von armen Schnorrern und weisen Rabbis. Berlin 1981, Verlag
Volk und Welt, leicht verändert)

Aufnahme 10.6.

Meine Damen und Herren wir hattn uns in der letzten Lehrveranstal-
tung mit dem Umfeld für Ihr Studium mit dem gesellschaftlichen
Umfeld beschäftigt ich erinnere Sie eine größere Zahl von Geistes-
und Kulturwissenschaftlern sind der Auffassung daß wir gegenwärtig eine Kommunikationsrevolution erlebm und daß wir in einer Informationskrise steckn die Informationskrise kommt wie sie sich
denkn könn dadurch zustande daß gegenwärtig eine sehr große
Zahl von Informationsquelln zur Verfügung steht und daß wir alle
mit einer Informationsflut überschüttet werdn wir könnn nur froh
sein daß von dem was wir an Informationen täglich über Rundfunk
Presse und Fernsehn aufnehmen innerhalb von vierundzwanzig
Stundn in unserem Gedächtnis zu mehr als achtzig Prozent wieder
gelöscht wird um ein Beispiel zu nennn für die ungeheure Informationsflut der wir ausgesetzt sind ein Chemiker müßte nach Schätzungen die Kulturwissenschaftler vorgenommn habm etwa sechshun-
dertausend Laborberichte Doktorarbeitn und Aufsätze lesen das ist
wie sich jeder an fünf Fingern abzähln kann einfach nicht zu schaffn
das bedeutet selbst ein qualifizierter Chemiker wird gemessn an dem
was die Informationsmenge darstellt von Jahr zu Jahr immer dümmer der Mensch der Informationsgesellschaft wird unter Bedingungen lebm die sich auch in sozialer Hinsicht verschärfn welcher
Schicht jemand angehört wird vor allem davon abhängen wie er mit
Informationen umgehn kann.

(Ausschnitt aus einer Vorlesung, vom Sprecher für die Veröffentlichung freigegeben)

Aufnahme 10.7.

| 10.7. | A: Ja das ging so also die sind vor fünf oder sechs Jahrn |
| 1 | B: |

| 2 | A: sind die ersten also schwarz eingezogen erst noch ne |
| | B: |

| 3 | A: Freundin von mir und dann nochn paar andere un so unn |
| | B: |

| 4 | A: jetzt wohnn noch ungefähr fünf Leute da   und ich wohn |
| | B: mhm |

| 5 | A: da ungefähr seit drei Jahrn und jetzt seit eim Jahr ist das |
| | B: |

| 6 | A: Haus verkauft wordn also zurückgez führt wordn und |
| | B: |

| 7 | A: verkauft wordn und die Leute denen es jetzt gehört |
| | B: |

| 8 | A: die warn vor eim Jahr schon mal da un ham sich alles |
| | B: |

| 9 | A: angekuckt und da dachtich schon jetzt gehts |
| | B: |

| 10 | A: vorbei   ja ja die warn in meiner Wohnung höhö |
| | B: hst die gesehn   ach so   höhö |

| 11 | A: total verrückt die ham äh das Haus nebenan auch |
| | B: |

| 12 | A: gekauft un das is noch son richtiges ordntliches so |
| | B: mhm |

| 13 | A: wo richtige Mieter drin wohnn   je richtige |
| | B: fch richtige Mieter |

| 14 | A: Mieter genau un da hamse erst ne janze Zeit aufm Hof |
| 122 | B: |

A: gestann son janzen Tag njanzn Vormittag un dann irgend-   15
B:

A: wann kammse dann zu uns und zu viert oder so immso Herren   16
B:

A: im schwarzn Anzug   und sone Dame mit ner goldnen   17
B: mmmhh   17

A: Handtasche und so janz schrecklich   18
B: oh

Übung   Ü 66

Tragen Sie nach dem Hören der Aufnahmen in alle Texte folgendes ein:

• die Wortgruppenakzente;
• die realisierten Pausen als Grenzen der rhythmischen Gruppen;
• die Tonbrüche der jeweils letzten Akzentstellen; bei den abgeschlossenen rhythmischen Gruppen wäre hierbei zu entscheiden, ob eine steigende Endmelodie als Kennzeichen der Frage zu verstehen ist.

Ergänzen Sie in den Texten die vermutlichen Satzzeichen und Satzanfänge, und vergleichen Sie dazu noch einmal mit den Aufnahmen 10.1.–10.7.! Die Lösung enthält nur diesen letzten Teil der Aufgabe.

Lösung 66 Seite 138 ff.

Lösung
←

Übung   Ü 67

Sprechen Sie die Texte der Aufnahmen 10.1.–10.7.! Prüfen Sie, ob auch andere Akzentuierungen und Pausensetzungen möglich sind!

Übung   Ü 68

Sprechen Sie selbst allein oder mit Ihren Freunden auf Tonband, nehmen Sie auch Gespräche aus dem Rundfunk oder dem Fernsehen auf, und überprüfen Sie die Intonation!

Lösungen

Die folgenden Notierungen, Transkriptionen und Texte stellen die Lösungen zu jenen Aufgaben dar, die in einem Teil der Übungen enthalten sind. Die Numerierung der Lö-sungen entspricht der Numerierung der Übungen im Text.

1.1
Sie haben 32 Stunden / in jeder Woche acht Stunden Grammatik und Landeskunde / auch phonetische Übungen / in kleinen Gruppen / wie im Intensivunterricht kann man auch in einem Sommerkurs intensiv arbeiten

1.2
Sie haben 32 Stunden / in jeder Woche acht Stunden Grammatik und Landeskunde auch phonetische Übungen in kleinen Gruppen / wie im Intensivunterricht / kann man auch in einem Sommerkurs intensiv arbeiten

1.3
Sie haben 32 Stunden / in jeder Woche / acht Stunden Grammatik und Landeskunde auch phonetische Übungen / in kleinen Gruppen wie im Intensivunterricht / kann man auch in einem Sommerkurs intensiv arbeiten

2.1
Sie haben 32 Stunden. In jeder Woche acht Stunden Grammatik und Landeskunde. Auch phonetische Übungen. In kleinen Gruppen. Wie im Intensivunterricht kann man auch in einem Sommerkurs intensiv arbeiten!

2.2
Sie haben 32 Stunden: in jeder Woche acht Stunden Grammatik und Landeskunde, auch phonetische Übungen in kleinen Gruppen. Wie im Intensivunterricht! Kann man auch in einem Sommerkurs intensiv arbeiten?

2.3
Sie haben 32 Stunden! In jeder Woche! Acht Stunden Grammatik und Landeskunde, auch phonetische Übungen. In kleinen Gruppen wie im Intensivunterricht. Kann man auch in einem Sommerkurs intensiv arbeiten?

3

Stimmlage:	hoch, tief, mittelhoch, überhöht, nach unten gedrückt ...
Stimmklang:	weich, metallisch, hart, schnarrend, gepreßt, nasal, dumpf, dünn, piepsig, orgelnd ...
Melodieführung:	monoton, bewegt, lebhaft, stereotyp, abwechslungsreich ...
Lautheit:	sehr leise, laut, gedämpft, übertrieben laut, mittellaut, schwankend ...
Sprechtempo:	schnell, sehr schnell, langsam, wechselnd, mittleres Tempo ...
Aussprache:	sehr präzise, luschig, kultiviert, dialektal, hyperkorrekt, angemessen ...

6

schwatzhaft: schwatzen, Schwatzhaftigkeit, geschwatzt, Geschwätz
Zersplitterung: splittern, es splitterte, zersplittert
Fruchtbarkeit: fruchten, fruchtbar, Frucht, Früchte, gefruchtet
Wägelchen: Wagen, Wägelein
Verachtung: achten, achtungsvoll, verachten, verächtlich
Gewinn: gewinnen, er gewann, Gewinnerin
lebhaft: leben, gelebt, Lebhaftigkeit, verlebt
Verschiebung: verschieben, schieben, er schob, Schiebung
gefrieren: frieren, sie fror, erfrieren, Frost, frostig
mißverstehen: Mißverständnis, mißverständlich
Verwaltung: verwaltet, verwalten, Verwalter
Fleischerei: Fleisch, fleischig, fleischlos, zerfleischen, Fleischer
marschieren: Marsch, er marschierte, Aufmarsch, aufmarschieren
Versäumnis: versäumen, sie versäumte, säumig, versäumt
ursächlich: Ursache, sachlich, Sache

7

Keimling, Entnahme, Klapper, Gewerbe, beleuchten, Eigentum, Verzeichnis, scherzhaft, schuldig, Befall, heutige, verkosten, entziffern, ärmlich, Behälter, Genossenschaft, Kügelchen, Bericht, Verfall, Bildnis.

8

schwatzhaft, Zersplitterung, Fruchtbarkeit, Wägelchen, Verachtung, Gewinn, lebhaft, Verschiebung, gefrieren, mißverstehen, Verwaltung, Fleischerei,, marschieren, Versäumnis, ursächlich

9

Ursache, halbieren, Bummelei, Urheber, transportieren, Urteil, amtieren, Fischerei, lackieren, ursächlich, Brauerei, Urwald, urbar, Bäckerei, praktizieren, Zauberei, probieren, buchstabieren, Ureinwohner, Raserei

10

Mißverständnis, <u>mißgönnen</u>, mißgebildet, Mißgriff, mißvergnügt, Mißernte, mißbräuchlich, (du) <u>mißtraust</u> (mir), Mißbilligung, Mißgunst, mißgünstig, Mißgeburt (er) <u>mißbraucht</u> (ihn), mißtönig, Mißmut, (sie) <u>mißgönnt</u> (ihm dies), (sie) mißverstehen (das), <u>mißachten</u>, Mißkredit, <u>mißglücken</u>, Mißbrauch, Mißtrauen, Mißgriff, <u>mißraten</u>.

12

<u>Untreue</u>, unversiegbar, <u>Unentschlossenheit</u>, <u>Unvermögen</u>, <u>Unsinn</u>, <u>Unschuld</u>, <u>Unmensch</u>, Ungeziefer, unaussprechlich, unabhänderlich <u>Unreife</u>, <u>Unverstand</u>, <u>Unfriede</u>, <u>ungepflegt</u>, <u>Untat</u>, unwirsch, <u>unauf-schiebbar</u>, unverkennbar, <u>ungekocht</u>, Ungeheuer, <u>ungezähmt</u>, <u>un-handlich</u>, ungetreu, <u>Unmaß</u>.

14

übersetzen	Ich übersetze den Text.
	Er setzt auf das andere Ufer über.
durchkreuzen	Er durchkreuzt (verhindert) den Plan.
	Er kreuzt (streicht) etwas durch.
unterstellen	Er unterstellt mir eine böse Absicht.
	Bei Regen stellen wir uns unter.
überlaufen	Er wird von Studenten überlaufen.
	Die Milch läuft über.
umfahren	Wir umfahren den Platz.
	Das Auto fuhr ihn um.
überlegen	Laßt uns zusammen überlegen!
	Er legt ihr ein Tuch über.
durchdringen	Wir durchdringen das Gestrüpp.
	Er dringt mit seiner Ansicht durch.
hintergehen	Er hintergeht (betrügt) sie.
	Er geht hinter (nach hinten), um etwas zu holen.
hinterbringen	Er hinterbringt mir eine Nachricht.
	Er bringt das Essen kaum hinter.
umstellen	Die Polizei umstellt den Unterschlupf.
	Karin stellt die Möbel um.
unterhalten	Wir unterhalten uns gut.
	Er hält eine Schüssel unter den Wasserhahn.
durchziehen	Seine Ansicht durchzieht den ganzen Aufsatz.
	Sie zieht den Faden durch.
unterbinden	Er unterband den Lärm.
	Sie band eine Schürze unter.
umbauen	Wir umbauen den Hof.
	Wir bauen das Haus um.
untergraben	Er untergräbt (zerstört) meine Autorität.
	Er gräbt das Laub unter.

durchwühlen Der Dieb durchwühlte die ganze Wohnung.
Die Ratte wühlte sich durch die Wand durch.

15

umhüllen, umschlagen, Unterschlagung, hinterbringen,
überreden, hervorbringen, nachsagen, herumsitzen,
umlagern, einfüllen, mitlaufen, aufsitzen,
widerlegen, überlappen, Umgebung, Unterstellung,
Unterschlagung, Widerhall, Nachkommen, hinfallen,
Vollendung, vollaufen, vollführen, Aufbau.

Folgende Wörter haben eine zweite Akzentuierungsmöglichkeit:
hinterbringen, umlagern.

17

Manie, Klischee, Tableau, Melodie, Kommando, Genie, Belgien,
Akademie, Girlande, Elan, Faktorei, Profi, Philosophie, Milieu,
Organ, mondän.

18

respektvoll, chemisch, pyramidenförmig, pygmäenhaft, ozonreich,
episodenhaft, allergisch, phrasenhaft, pietätsvoll, Vagheit, pomphaft,
apathisch, panikartig, charaktervoll, nuancenreich.

19

Kadmium, Museum, Kriterium, Helium, Medium.

Ukas, Pathos, Trias, Krisis, Hades, Äneis, Chaos, Ethos, Luxus, Eukalyptus.

Präfix, Index, Matrix, Thorax, Kodex, Phönix, Syntax, Latex, Onyx.

Allasch, Zephyr, Porphyr, Stimulans, Gulasch.

Kognak, Nonsens, Präsens, Arrak, Tabak, Tangens, Anorak, Biwak,
Kajak, Solvens.

Kritiker, Politiker, Dramatiker, Allergiker, Historiker.

20

Alligator, Klassik, Lektoren, Musik, Vektor, Traktor, Inquisitoren,
Direktor, Taktik, Republik, Kritik, Klassik, Alligatoren, Stilistik,
Plastik.

22

Seebad, Schaufensterschmuck, Berlín-Pankow, Sitzfläche,
Sprachtheorie, Hauptakzéntstélle, fahrtüchtig, Héssen-Darmstadt,

127

Atomkráftwerk, Straßenbahnschíenen, Vertikalébene, Immunschwä-
chekránkheit,
Elastizitätskoeffiziént, Schléswig-Holstein, Organinsuffiziénz, Kinderspielplatz,
festkóchent, tiefgekühlt, himmelblau, körperwarm.

24

Kóbalt-Chrom-Legíerung, Schwarzweißfilm, rotgrünblind, vierund-
achtzig,
Schwéfel-Wasserstoff, Ínhalt-Form-Beziéhung, Ost-West-Gespräch,
blau-weiß,
hell-dunkel,   Léipzig-Halle-Aírport,   Góethe-Schiller-Dénkmal,
Álbert-Einstein-Stráße.

26
Am Abend.
Für eine gute Sache.
Der Film beginnt erst nach acht.
Müllers sind gestern mit dem Auto an die See gefahren.
Am Brunnen vor dem Tore.
Der Markt hat kein Gewissen.
Erst besinn's, dann beginn's.
Ein alter Kater leckt auch noch gern Milch.
Man kann nicht Speck haben und das Schwein behalten.
Fleiß ist des Glückes rechte Hand, Mäßigkeit die linke.

27
Der Film beginnt erst nach acht.
Müllers sind gestern mit dem Auto an die See gefahren.
Am Brunnen vor dem Tore.
Der Markt hat kein Gewissen.
Erst besinn's, dann beginn's.
Ein alter Kater leckt auch noch gern Milch.
Man kann nicht Speck haben und das Schwein behalten.
Fleiß ist des Glückes rechte Hand, Mäßigkeit die linke.

28
Auf der Straße.
Wie schön für dich!
Wie geht es Ihnen?
Was machen Sie da?
Wir sehen uns später noch.
O weh, zwei Männer und ein Baby.
Wer gibt, schweige; wer empfängt, rede!
Wie die Eltern, so die Kinder.
Ein schönes Gesicht ist die beste Empfehlung.
Man muß das Eisen schmieden, solange es heiß ist.

Er ist mein ein und alles
Es ist jenes Bild, das mich verfolgt.

29

(S. 55) Der Ůmschlag? Das ist meiner!
Wir werden Ìhre Réchte wáhren!
Er legte seine Bücher neben meine.

(S. 56) Man liest diejenige Veröffentlichung, die am aktuellsten
ist.
Beide besuchten heute dieselbe Ausstellung.
Einem solchen Experten kann man vertrauen.

(S. 56) Jeder ist sich selbst der Nächste.
Das wollt ihr doch selber nicht!
Der Fahrer selbst hatte keine Schuld.

(S. 56) Immerhin stimmten einige Abgeordnete dagegen.
Hier geht es um alles oder nichts.
Ein kleines Etwas ist besser als ein großes Garnichts.

(S. 57) Dich kenne ich!
Seiner kannst du gewiß sein!
Ihretwegen muß ich gehen!

(S. 57) Ich bleibe zwei Stunden. – Sag das noch mal: Wie lange
bleibst du?
Ich bekomme zehn Mark! – Wieviel bekommen Sie?
Hör mir endlich zu: Die Kinder haben die Schule
geschwänzt. – Was ist los?

(S. 58) Alle nach meinem Kommando: „Hau ruck!"
Mit einem lauten Flup rutschte der Korken aus der
Flasche.
Schon hörte man das Tuck-tuck-tuck des Bootes.

(S. 58) Das werde ich keinesfalls vergessen.
Das war schwerlich vorauszusagen.
Damit ist nun, wie ich hoffe, der Konflikt gelöst.

(S. 59) Schätzungsweise braucht er zwei Stunden.
Wenn du wenigstens Geld mitgebracht hättest!
Er ist an sich mein Freund.

(S. 59) Das ist mir überaus peinlich.
Es fehlten lediglich drei Tage.
Fritz rechnet weitaus besser als Hans.

30

Nimm deine Tásche mit!
Ich möchte einen Ánzug kaufen.
Sie schlugen ihre Feinde in die Flúcht.

Der Brief wird durch einen Bóten geschickt.
Der Lehrer mußte schnell die Héfte durchsehen.
Ein Kunde will genau Beschéid wissen.
Allzu keck liegt bald im Dréck.
Es sieht niemand gern in einen Éssigtopf.
Ein Narr sagt lachend die Wáhrheit.
Niemand ist durch Betrúg glücklich geworden.

31

Sie hatte Háare wie Góld.
Er war ein Méister seines Fáches.
Das Jahr von Bísmarcks Tód.
Ihm dankten alle Mítglieder der Grúppe.
Ein Artikel über den Rücktritt des Minísters.
Karl IV., deútscher König und Káiser, förderte vor allem sein Érb-
land Böhmen.
Er besuchte die älteste seiner Schwéstern.
Es besteht die Pflícht zur Méldung von Berúfskrankheiten.
Mir gefällt das Bíld dort an der Wánd réchts am besten.
Schweigen wirkt mehr als álles Schélten.
Kléine Städte haben oft größe Prophéten.

32

Dér da ist der Dieb!
Ich nehme von diesem Honig.
Alle wichtigen Gespräche fanden nách der Sitzung statt.
Bei álten Münzen zweifelt niemand.
Frühes Obst verwelkt bald – spätes Obst liegt lange.
Ein weiser Mann lächelt, ein Nárr lacht.
Ich folge dém, der mir vertrauenswürdig erscheint.
Álte Kutscher knallen gern.
Mit vielem hält man haus, mit wénigem kommt man aus.
Die bésten Kirschen fressen die Vögel.
Auch ein kléines Licht sieht man weit in der Nacht.

33

Die Enten waren weg. Helga lauschte. Fern in der Bucht quarrten
Enten. Sie rannte zur Bucht. Dort flogen Wildenten hoch ...

A: Ich möchte eine Jacke kaufen?
B: Welche bitte?
A: Die da. Hält die warm?
B: Ja, die ist besonders gut gefüttert.
A: Was soll sie denn kosten?
B: Hundertzwanzig.
A: Zu teuer; außerdem ist sie zu schwer. Haben Sie nicht eine leich-
tere Jacke?

Seht den Kapitän. Wenn keiner steht, der steht – wie ein Fels. Wie
stark ist der Fels?

Unruhe in der Liebe ist keineswegs das Wesen der Liebe, Unruhe ist
etwas, was gar nicht zu ihr gehört; die Liebe ist fröhlich und sorglos.
(Tschernyschewski)

34
(Komm) (und sprich!)
(Die Bäume) (im Garten.)
(Wir gehen heute abend) (ins Kino.)
(Eine Reform) (in der Verwaltung) (unseres Landes.)
(Sie unterstützten) (ihren Kollegen.)
(Sie fuhren) (gegen Abend) (in den Schacht ein.)
(Erklären Sie) (die Regeln) (für den Straßenverkehr!)
(Wann fliegt) (Ihre Maschine?)
(Gestern sah ich Sie) (im Theater.)
(Es waren diesmal) (nur zwei Kinder) (auf dem Hof!)

35
(S. 74)   (Wir gedenken seiner.)
           (Wir können ihm) (glauben.)
           (Wir müssen ihn) (doch erst anhören.)
(S. 74)   (Er hat sich angemeldet.)
           (Sie spottet ihrer.) (selbst.)
           (Er war seiner) (nicht mehr mächtig.)
(S. 74)   (Die Bibliothek) (unserer Eltern) (war sehr groß.)
           (Wir müssen eurem) (Nachbarn) (dankbar sein.)
           (Ich werde jetzt) (meine Hausaufgaben machen.)
(S. 75)   (Wir können) (jene) (Wünsche) (nicht erfüllen.)
           (Solch prachtvolle Kleider) (sah man selten.)
           (Experten) (werden gebraucht.) (Wir suchen solche Leute.)
(S. 75)   (Wie das regnet.)
           (Hat er Urlaub?) – (Das weiß ich nicht.)
           Es wird herrlich werden,) (das haben mir) (alle) (verspro-
           chen.)
(S. 75)   (Wer viel wäscht,) (muß viel trocknen.)
           (Es ist schön,) (was du mir sagst.)
           (Wem eine solche) (Frau begegnet,) (der kann von Glück re-
           den.)
(S. 76)   (Wie lange) (könnt ihr bleiben?)
           (Wozu soll ich jetzt arbeiten?)
           (Warum nur) (diese Hektik?)
(S. 76)   (Was sind schon) (ein paar Regentropfen.)
           (So manches Land,) (so manche Weise,) (so mancher   131

Koch,) (so manche Speise.)
(Man darf ihm) (nicht glauben!)

(S. 77) (Trotz seiner) (großen Erfahrungen) (verlor er) (in diesem Spiel.)
(Sie fuhren) (zur Erholung) (in die Berge.)
(Von morgen an) (gibt es in den Kaufhäusern) (Billigangebote.)

(S. 77) (Entweder gab es Krimis) (oder Seifenopern.)
(Von der See her) (wehte ein kühler Wind,) (so daß sie nicht baden konnten.)
(Je länger) (sie blieben,) (desto ruhiger wurden sie.)

36

(Die Brautschau)
(Es war ein junger Hirt,) (der wollte gern heiraten.) (Er kannte) (drei) (Schwestern,) (davon war eine) (so schön) (wie die andere,) (so daß ihm die Wahl) (schwer wurde.) (Da fragte er) (seine Mutter) (um Rat;) (die sprach:) („Lad alle drei) (ein) (und setz ihnen) (Käse vor.") (Das tat der Jüngling,) (die erste aber) (verschlang den Käse) (mit der Rinde;) (die zweite) (schnitt in der Hast) (die Rinde) (vom Käse ab,) (weil sie aber so hastig war,) (ließ sie noch viel) (Gutes daran;) (die dritte) (schälte ordentlich) (die Rinde ab,) (nicht zuviel) (und) (nicht) (zuwenig.) (Der Hirt) (erzählte das alles) (seiner Mutter.) (Da sprach sie:) („Nimm die dritte) (zu deiner Frau.") (Das) (tat er) (und lebte zufrieden) (und glücklich mit ihr.)

37

(Tausch) (ist kein Raub.)
(Krieg) (verzehrt,) (was Friede) (beschert.)
(Wie das Land,) (so das Sprichwort.)
(Ein guter Rat) (ist besser) (als ein Sack) (voller Ratschläge.)
(Ratet mir) (gut,) (sagte) (die Braut,) (aber ratet mir) (nicht ab.)
(Wer ein Weib nimmt,) (der darf nicht müßig sein.)
(Wenn ich darf,) (wie ich will,) (so tue ich,) (wie ich will.)
(Wer nicht liebt Wein,) (Weib) (und Gesang,) (der bleibt ein Narr) (sein Leben lang.)

38

Tausch / ist kein Raub.
Krieg verzehrt, / was Friede beschert.
Wie das Land, / so das Sprichwort.
Ein guter Rat / ist besser als ein Sack / voller Ratschläge.
Ratet mir gut, / sagte die Braut, / aber ratet mir nicht ab.
Wer ein Weib nimmt, / der darf nicht müßig sein.
Wenn ich darf, wie ich will, / so tue ich, wie ich will.
Wer nicht liebt Wein, Weib und Gesang, / der bleibt ein Narr sein Leben lang.

39

Die Brautschau /
Es war ein junger Hirt, / der wollte gern heiraten. / Er kannte drei
Schwestern, / davon war eine / so schön / wie die andere, / so daß ihm
die Wahl schwer wurde. / Da fragte er / seine Mutter um Rat; / die
sprach: / „Lad alle drei ein / und setz ihnen Käse vor." / Das tat der
Jüngling, / die erste aber verschlang den Käse mit der Rinde; / die
zweite / schnitt in der Hast die Rinde vom Käse ab, / weil sie aber so
hastig war, / ließ sie noch viel Gutes daran; / die dritte / schälte ordentlich die Rinde ab, / nicht zuviel / und / nicht zuwenig. / Der Hirt
erzählte das alles seiner Mutter. / Da sprach sie: / „Nimm die dritte
zu deiner Frau." / Das / tat er / und lebte zufrieden / und glücklich
mit ihr.

40

(Ein Júde) (und ein Offizíer) / (sítzen) (in der Báhn.) / (Um sich die
Langeweíle) (zu vertreiben,) / (gében sie sich) (Rátsel auf.) / (Der Offizíer:) / („Was íst das:) / (Das érste läuft,) / (das zwéite läuft,) / (und)
(das Gánze) (ist ein Schláchtort) / (aus dem Síebenjährigen) (Kríeg.")
/ (Der Júde) (wéiß es nicht.) / („Ganz éinfach:) / (Róßbach.") / (Nun
denkt sich der Júde) (ein Rátsel aus.) / („Was íst das:) / (Das érste
läuft,) / (das zwéite läuft,) / (das drítte) (läuft nícht.") / (Der Offizíer)
(zerbricht sich den Kópf,) / (aber er kánn es nicht) (heráusbekom-
men.) / („Das ist doch ganz éinfach!") / (triumphíert) (der Júde.) /
(Das sind die Kínder) (von meinem Schwáger) (Elías.")

41

(der absolute) (Nullpunkt,) (Kreuz) (des Südens,) (schwarz) (wie die 1
Nacht,) (blau) (wie ein Veilchen.)
(Anordnungen treffen,) (blinder) (Eifer,) (jemandem) (den Marsch 2
blasen,) (das Gras) (wachsen hören.)
(Danach kräht kein) (Hahn.) (Damit kannst du) (keinen Blumen- 3
topf) (gewinnen.) (Dem brennt der Boden) (unter den Füßen.)
(Schwamm drüber.)
(Wer zu spät kommt,) / (den bestraft) (das Leben) (Gorbatschov. / 4
(Der brave Mann) / (denkt an sich selbst) (zuletzt) (Schiller: Tell).
(Ironisierend verwendet: ... (denkt an sich selbst) (zuerst) / (Es gibt
viel) (zu tun) / (packen wir's) (an) (Sentenz aus der Werbung).
(Gleich) (und gleich) / (gesellt sich gern.) (In der Kürze) / (liegt die 5
Würze.) (Lieber den Magen) (verrenken) / (als dem Wirt) (was schen-
ken.)

42

(Gib mir das) / (das Messer!)
(Gib mir) (den Maul ...) / (Ringschlüssel!)

(<u>Gib</u> mir) (den <u>Maulschl</u>üssel) / (den <u>Ring</u>schlüssel!)
(<u>Gib</u> mir das) / (ich <u>meine</u>) (den <u>Schrau</u>bendreher!)
(Ich werde dem <u>Halsband</u>) (das <u>Hund</u> anlegen.)
(Ich <u>denke</u> daran,) / (daß wir eine be<u>stimmte</u> ...) (<u>vor</u>nehmen wollten.)
(Ich <u>werd</u> euch ...) / (so einen <u>Lärm</u> zu machen.)
(Also ich habe <u>vier</u>) (<u>The</u>men) / (wollte ich <u>ei</u>gentlich) (<u>vor</u>schlagen.)

43
(Hast du das Kikeri<u>ki</u> gehört?)
(Blubb-blubb-<u>blubb</u>) / (machte der <u>Mo</u>tor,) / (und <u>schon</u>) (ent<u>fernte</u> sich) (das <u>Boot</u>.)
(Mit einem <u>lauten</u>) (<u>Klack</u>) / (fiel der Eimer <u>um</u>.)
(Mhm <u>mhm</u>!)   (als Verneinung gesprochen)
(<u>Hee</u>?)   (als Frage gesprochen)
(<u>Ah</u>,) / (das hat <u>gut</u> getan!)
(<u>Pst</u>,) / (seid doch endlich <u>leise</u>!)

44
(Wirst du kómmen?) – (Sélbstredend!)
(Können wir denn nun) (éndlich) (géhen?) – (Na klár!)
(In díesem Falle) (hat er) (zweifelsóhne) / (in állen) (Púnkten) (récht.) – (Sícherlich,) / (gút) (war das nícht!)
(Das kann doch vernünftigerweise) (nur ábends gemacht werden!)
(Ich sitze zúfälligerweise) (ímmer noch hier.)
(Verdíenterweise) / (hat er seine hohe Ábfindung bekommen.)
(Éigentlich) / (hat er récht!)
(Er hat mich géstern) (dóch noch angerufen.) – (Já,) / (mérkwürdigerweise!)

45

1	A: Na so schlecht is das schon nich /
	B: wasn / mit der Nannen-
2	A: nee / mit mit deinem Job meine ich jetzt / mit der
	B: Schule / du willst
3	A: Nannen-Schule das is nich so schlecht / das is einfach nur
	B: wohl unbe /
4	A: aussichtslos / das is / vollständig aussichtlos / wenn sich
	B: ich würd das / aber /
5	A: zehntausend Leute um fünfunddreißig Plätze bewerben /
134	B:

A: dann kann man sich die / Prozentzahl ausrechnen /   6

B: also / erster

A: 7

B: Punkt du weißt ja noch nich mal ob es zehntausend sind / viel-

A: aber immerhin sind fünf Stellen nur   8

B: leicht sind's fünftausend /

A: angegeben / hhhhh /   bei dem nein / bei dem / bei   9

B: ja / fünf / fünf Stellen /

A: dem / äh / bei der / ä Registriernummer / wo ich tausend einhun-   10

B:

A: dert noch was bin / das is fünfstellig / also ich bin Null Eins /   11

B: ach

A: und so weiter /   12

B: so /   na ja aber das heißt ja nich daß / alle fünf

A: na hoffentlich /   13

B: Stellen ausgenutzt werden /   das is vielleicht aus

A: mhm /   mhm /   14

B: den Vorjahren schon so / gang und gäbe und / und äh / das

A: mhm /   15

B: muß ja nich heißen daß diesmal auch so viele sich beworben

A: 16

B: habm / aber / sagen wer mal es sin fünftausend / das is

A: 17

B: doch / ä / es sind einfach offenbar viele dabei die

A: 18

B: wirklich / absolut ungeeignet sin un unter anderm /

A: un vielleicht bewerben sich je auch nich alle / ich nehme mal an   19

B:

A: schon mit diesen / Voraussetzungen die man da erfüllen muß   20

B: 135

21	A: /daß das vielen/ die Sache damit schon vergeht ja/
	B: genau das läuft/
22	A: denk ich mir/
	B: das wird vielen/zu viel Arbeit sein in sehr kurzer
23	A:
	B: Zeit/und/wenn/manche Leute arbeiten gehn dann
24	A: mhm mhm/
	B: isses ja auch schwierig/dann am Abend noch so was
25	A:
	B: zu machen/

46

1	A: Aber wir wollten doch irgendwo/wenn wir nich jemand
	B:
2	A: mitnehmm wollten wir doch irgendwohin fahrn/wo wir
	B:
3	A: jemandn besuchen könn/kennst du jemandn in Wien/
	B: genau
4	A:
	B: in Wien kenn ich niemanden ich kenn nur jemanden in
5	A: London is natürlich
	B: London un London wär
6	A: mhm das mh mh
	B: auch nich so schlecht / muß ich mal so sagen
7	A: ich och nich
	B: und in England war ich noch nich /un Englisch könn wir
8	A: na du besser als ich/glaubich
	B: ja einigermaßen
9	A:
136	B: na ja ph/nee och nich/na also gut überlegen wir Wien

A: mhm   10
B: oder London   /   auf alle Fälle mußich / mußich zusehn

A: und ich muß zusehn wenn ich   11
B: daß ich keen Dienst habe /   und du mußt Urlaub nehm

A: los kann   ich ka / ich kann doch glaubich keinen   12
B: mhm

A: Urlaub nehm   13
B: wieso du kannst doch nich Urlaub nehm /

A: na   wenn ich in der Probezeit bin   14
B: du bist noch in der Probezeit hä

A: kann ich noch keinn Urlaub habm   15
B: Aber Sylvester is

A: na ja was is denn da bloß   16
B: ja schon mal frei / wann is denn Sylvester dieses

A: bitte   ham wir doch gestern   17
B: Jahr   /   was isn das fürn Tag

A: irgendwie schon mal festgestellt was war denn das /   18
B:

A: Freitag / Freitag   19
B: Weihnachten is Freitag / Sylvester is /

A: is dann auch Freitag nö   na dann hätte man /   20
B: ja

A: mhm s reicht einfach nich   21
B: n das is blöd   is Sylvester frei

A: Sylvester is glaubich / ne arbeiten die da nich   22
B:

A: noch / bis fuffzehn Uhr   naja das wär   23
B: mhm / mhm

A: natürlich doof   / ich meine / ich könnte fragen   24
B: mhm   du mußt Urlaub nehm   137

25	A: fragen ob ich Urlaub kriege / weil/die Leute/
	B: mhm

26	A: es sind vielleicht auch nich so viele Leute dann da
	B:

27	A:
	B: denke ich och/vielleicht machen die überhaupt zu

28	A:
	B: zwischen Weihnachten und Sylvester/meinst nich/

29	A: kann schon sein/aber ich weiß ja noch nich was ich
	B:

30	A: in den ersten Monaten mache/also ob ich da nich erst
	B:

31	A: wohin verschickt werde und so/vielleicht kann ich
	B: mhm mhm mhm

32	A: überhaupt nich also das wär natürlich doof weil wir
	B:

33	A: n endlich mal wegfahrn wollten zusamm / also
	B: mhm mhm

34	A: London/un oder Wien könn wir ja erst mal festlegen
	B:

35	A:
	B: na ich erkundige mich mal/ich geh mal zu Reisebüros

66
Aufnahme 10.1.
Ein Mann hatte sich beim Schneider eine Hose bestellt. Die Hose wurde und wurde nicht fertig. Endlich, nach einem Monat, war es soweit. Beklagt sich der Kunde: „Gott hat die Welt in sechs Tagen erschaffen, und Sie brauchen für ein Paar Hosen einen vollen Monat." „Sehen Sie sich doch die Welt an", entgegnete der Schneider, „und dann betrachten Sie diese Hose!"

Aufnahme 10.2.
Ein geistesgegenwärtiger Geselle.
Der französische König Ludwig der Elfte war ein treuloser und lau-

nischer Mensch. Weil er in seinem Leben manche Gewalttat befohlen hatte, quälte ihn, je älter er wurde, die Furcht vor Rache, und überall vermutete er Hinterlist und Verrat. In seiner Angst war ihm ein Mann hochwillkommen, der behauptete, aus den Sternen zukünftige Geschehnisse ablesen zu können. Dieser war nun freilich so vorsichtig, sich recht allgemein auszudrücken, während der König alles sehr genau wissen wollte. Da Ludwig sich in seinen Erwartungen getäuscht sah, beschloß er, den Sterndeuter beseitigen zu lassen. Er war sich seiner Sache freilich nicht ganz sicher und wollte daher noch eine letzte Probe mit ihm anstellen. Arglistig fragte er: „Bleibst du dabei, daß du die Zukunft genau voraussagen kannst?" Der Sterndeuter erwiderte: „Majestät, so ist es!" Der König forschte weiter: „Nun, dann möchte ich jetzt von dir wissen, wann du sterben wirst." Der Gefragte erkannte die Gefahr, die ihm drohte. Einen Augenblick nur besann er sich. „Acht Tage vor Ihnen, Majestät!" antwortete er dann und rettete so sein Leben.

Aufnahme 10.3.
Jedesmal, wenn ein Mensch einem anderen etwas sagt, liegt ein Sprechakt vor. Der Sprechakt ist immer konkret, findet an einem bestimmten Orte und zu einer bestimmten Zeit statt. Er setzt voraus: einen bestimmten Sprecher (einen „Sender"), einen bestimmten Angesprochenen (einen „Empfänger") und einen bestimmten Sachverhalt, worauf er sich bezieht. Alle diese drei Elemente – Sender, Empfänger und Sachverhalt – wechseln von einem Sprechakt zum anderen. Der Sprechakt setzt aber noch etwas voraus: damit der Angesprochene den Sprecher versteht, müssen beide dieselbe Sprache beherrschen ... Im Gegensatz zum immer einmaligen Sprechakt ist die Sprache oder das Sprachgebilde etwas Allgemeines und Konstantes. Das Sprachgebilde besteht im Bewußtsein aller Mitglieder der gegebenen Sprachgenossenschaft und liegt unzähligen konkreten Sprechakten zugrunde ... Ohne konkrete Sprechakte würde auch das Sprachgebilde nicht bestehen.

Aufnahme 10.4.

Schwäne

Einmal war ich
mitten im Märchen –
an einem stillen
grauen Herbsttag.

Den Rücken gebeugt
übers Blumenbeet.
höre ich plötzlich
das nie Gehörte:

dunkles schweres Rauschen
von Schwanenflügeln;
die sechs Schwäne fliegen
auf und davon.

Wer wird nicht sprechen,
nicht lachen sechs Jahr,
Sternblumen vernähen,
verleugnen sich gar?   (Im Original ohne Satzzeichen.)

Aufnahme 10.5.

S. hat beschlossen, sich einen Hund zu kaufen, und geht in eine Tier-
handlung. Interessiert betrachtet er einen Neufundländer. „Was kostet der Hund?" „Hundertfünfzig Mark." S. deutet auf einen schlanken Dobermann. „Und dieser?" „Hundertachtzig." Da fällt sein
Blick auf einen Foxterrier. „Na, und der da?" „Zweihundertfünfzig
Mark." „Und dieser Zwergpinscher? Ist der etwa noch teurer?" „Ja,
vierhundert Mark." Da schlägt sich S. an die Stirn und fragt: „Sagen
Sie, lieber Mann, was kostet denn bei Ihnen gar kein Hund?"

Aufnahme 10.6.

Meine Damen und Herren, wir hattn uns in der letzten Lehrveran-
staltung mit dem Umfeld für Ihr Studium, mit dem gesellschaftlichen Umfeld beschäftigt; ich erinnere Sie: eine größere Zahl von
Geistes- und Kulturwissenschaftlern sind der Auffasung, daß wir
gegenwärtig eine Kommunikationsrevolution erlebm und daß wir in
einer Informationskrise steckn. Die Informationskrise kommt, wie
Sie sich denkn könn, dadurch zustande, daß gegenwärtig eine sehr
große Zahl von Informationsquelln zur Verfügung steht und daß wir
alle mit einer Informationsflut überschüttet werdn. Wir könnn nur
froh sein, daß von dem, was wir an Informationen täglich über
Rundfunk, Presse und Fernsehn aufnehmen, innerhalb von vierundzwanzig Stundn in unserem Gedächtnis zu mehr als achtzig Prozent
wieder gelöscht wird. Um ein Beispiel zu nennn für die ungeheure
Informationsflut, der wir ausgesetzt sind: Ein Chemiker müßte nach
Schätzungen, die Kulturwissenschaftler vorgenomm habm, etwa
sechshunderttausend Laborberichte, Doktorarbeitn und Aufsätze lesen — das ist, wie sich jeder an fünf Fingern abzähln kann, einfach
nicht zu schaffn. Das bedeutet: Selbst ein qualifizierter Chemiker
wird, gemessn an dem, was die Informationsmenge darstellt, von Jahr
zu Jahr immer dümmer. Der Mensch der Informationsgesellschaft
wird unter Bedingungen lebm, die sich auch in sozialer Hinsicht verschärfn. Welcher Schicht jemand angehört, wird vor allem davon abhängen, wie er mit Informationen umgehn kann.

Aufnahme 10.7.

A: Ja das ging so, also, die sind vor fünf oder sechs Jahrn   1
B:

A: sind die ersten also schwarz eingezogen; erst noch ne   2
B:

A: Freundin von mir und dann nochn paar andere un so, unn   3
B:

A: jetzt wohnn noch ungefähr fünf Leute da;   und ich wohn   4
B: mhm

A: da ungefähr seit drei Jahn. Und jetzt, seit eim Jahr ist das   5
B:

A: Haus verkauft wordn, also zurückgez führt wordn und   6
B:

A: verkauft wordn; und die Leute, denen es jetzt gehört,   7
B:

A: die warn vor eim Jahr schon mal da. Un ham sich alles   8
B:

A: angekuckt. Und da dachtich schon, jetzt gehts   9
B:

A: vorbei.   Ja ja die warn in meiner Wohnung, höhö,   10
B: Hast die gesehn?   ach so   höhö

A: total verrückt. Die ham, äh, das Haus nebenan auch   11
B:

A: gekauft, un das is noch son richtiges ordntliches so,   12
B: mhm

A: wo richtige Mieter drin wohnn;   je richtige   13
B: fch Richtige Mieter –

A: Mieter, genau, un da hamse erst ne janze Zeit aufm Hof   14
B:

15   A: gestann, son janzen Tag, njanzn Vormittag, un dann irgend-

            B:

16   A: wann kammse dann zu uns; und zu viert oder so, immso Her-

            B:

17   A: ren im schwarzn Anzug   und sone Dame mitner

            B: mmmhh

18   A: goldnen Handtasche und so, janz schrecklich!

            B: Oh

Literatur

Die folgende Aufstellung ist als Auswahl zu verstehen. Es werden hauptsächlich direkt benutzte Publikationen und Forschungsarbeiten angeführt.

Altmann, H. (Hg.): Intonationsforschungen. Tübingen 1988

Altmann, H. (Hg.): Zur Intonation von Modus und Fokus im Deutschen. Tübingen 1989

Bierwisch, M.: Regeln für die Intonation deutscher Sätze. In: Studia Grammatica VII. Berlin 1966, S. 99–201

Blattner, S.: Konfrontative Untersuchungen zur Ausspruchs- und Kontrastakzentuierung Deutsch sprechender Russen. Phil. Diss. Halle 1991 (Mschr.)

Boost, K.: Neue Untersuchungen zum Wesen und zur Struktur des deutschen Satzes. Berlin 1959

Drosdowski, G. (Hg.): Grammatik der deutschen Gegenwartssprache. Duden Bd. 4, 4. Aufl., Mannheim 1984

Ehlich, K.: Interjektionen. Tübingen 1986

Engel, U.: Deutsche Grammatik. Heidelberg 1988

Essen, O. v.: Grundzüge der hochdeutschen Satzintonation. 2. Aufl., Ratingen / Düsseldorf 1964

Henke, S.: Formen der Satzakzentuierung und ihr Beitrag zur Satzbedeutung in deutschen Aussagesätzen. Trier 1993 (Reihe Fokus Bd. 10)

Isačenko, A. V., und Schädlich, H.-J.: Untersuchungen über die deutsche Satzintonation. In: Studia Grammatica VII. Berlin 1966, S. 7–67

Kiparski, P.: Über den deutschen Akzent. In: Studia Grammatica VII. Berlin 1966, S. 69–98

Koźbiał, J.: Studien zur deutschen Intonation. Habilitationsschrift, Warschau 1991 (Mschr.)

Skorubski, I.: Zur temporalen Struktur frei gesprochener Texte. Phil. Diss. Halle 1990 (Mschr.)

Stock, E.: Untersuchungen zu Form, Bedeutung und Funktion der Intonation im Deutschen. Berlin 1980

Stock, E., und Stötzer, U.: Zur Beschreibung der Akzentstruktur fester Wortverbindungen – ein Beitrag zur Wörterbucharbeit. In: Krech, E.-M., und Stock, E. (Hg.): Beiträge zur Theorie und Praxis der Sprechwissenschaft. Halle (Saale) 1981 (Wiss. Beitr. der

143

Martin-Luther-Universität Halle—Wittenberg 1981/33), S. 211 bis 219

Stötzer, U.: Die Betonung zusammengesetzter Wörter unter besonderer Berücksichtigung der Komposita mit fremden Konstituenten. Phil. Diss (B), Berlin 1975 (Mschr.)

Trojan, F.: Deutsche Satzbetonung. Wien/Stuttgart 1961

Veličková, L.: Untersuchungen zur Theorie und Praxis des Phonetikunterrichts. Habilitationsschrift, Halle 1990 (Mschr.)

Vladimirova, T.: Konfrontative Untersuchung zur bulgarischen und deutschen Intonation in frei produzierten Gesprächen. Phil. Diss. Halle 1986

Zacharias, C.: Die Intonation des Fragesatzes als Ausdruck seiner kommunikativen Funktion. Phil. Diss. Berlin 1966 (Mschr.)